我就是教你『混』社会

——老祖宗用鲜血和脑浆写下的忠告

章岩 著

CNS PUBLISHING & MEDIA 中南出版传媒
湖南文艺出版社
HUNAN LITERATURE AND ART PUBLISHING HOUSE

序　一

为什么有的人飞黄腾达，有的人穷困潦倒

在这个世界上，到处都是有才华的“穷人”。他们才高八斗、学富五车，甚至有着上天入地的本领，但为何最后落得个穷困潦倒、一事无成的下场呢？而许多并没有什么才华的人为何能功成名就、春风得意？大家都是两个肩膀扛着一个脑袋，为什么人生竟会如此不同？

究其原因，就是人情世故！从某种程度上说，是否懂得人情世故，决定了一个人的一生是飞黄腾达，还是穷困潦倒！

大凡成功的“牛人”，无一例外都明白这一点。他们读懂了社会的本质和人际交往的潜规则，知道对方需要什么，知道对方的脑子里在想什么——要想钓到鱼，就要像鱼那样思考！你几乎看不见他奔波劳碌，但是在不动声色中，他已经实现了人生的目标。他们成功的密码是什么？其实很简单，就只有“人情世故”，唯此四字而已！

出来混的人一定要懂人情世故，这是个最基本的要求。一个人如果不懂人情世故，那还出来混什么呢？从一开始就注定了没有成功的可能，这样折腾下去也只是白白浪费精力。而一个深谙人情世故的人，哪怕刚开始能力差一些，出来混还是大有希望的，因为他只要掌握了这一“独门绝技”，就迟早能够迎来命运的转机。哪怕你是一名“武林高手”，如果不懂得人情世故，也混不长久，肯定会混到走投无路的地步。这是真理！只要你稍微动脑想一想，就能想出身边很多的事实。你会发现，真正的聪明人在做人做事方面能做得恰到好处、滴水不漏，不仅收获了实利，也落下了美名。而有的人则是刀子嘴豆腐心，没少帮别人的忙，却没有一个人说他好，在身边树敌不少，这大都是不懂人情世故造成的。

生容易，活容易，生活不容易。每个人都必须面对残酷的竞争！因为不懂人情世故，历史上有很多立下汗马功劳的功臣名将，最后都落得个被诛杀的下场——他们没有倒在敌人的剑下，却冤死在自己人的手中，鲜血横溅、脑浆涂地。世上无处可买后悔药，即使有，后悔也已经来不及了。他们光辉灿烂的一生就这样草草收场。如此用鲜血和脑浆写下的沉痛忠告，我们怎可不懂？

出来混很难，要混好更是难上加难。一不小心就会穷困潦倒、一事无成。事业不成，哪怕你才高八斗、学富五车，也将沦为狗屎不如！如果事业有成，哪怕是一个酒囊饭袋，也会被人吹捧成天才！人情冷暖、世态炎凉，这就是现实的残酷。中国人太多，生存压力太大，要想在外面混得好、混出个名堂，就必须让自己懂一点儿“混”的游戏规则。的确如此，人生就像一场游戏，不懂游戏规则的人最终会死得很难看，只有对游戏规则运用纯熟的人，才能在游戏中玩得痛快、玩得开心，玩出自己想要的一切！

这是一本敢于说真话的书，一本将千年潜规则一语道破的书！

每一个出来混的人都要读！

序 二

老祖宗们用鲜血和脑浆写下来的忠告

世上没有永远的朋友，也没有永远的敌人，只有永远的利益。人与人交往的本质其实就是利益交换。如果你不懂利益交换原则，凡是好处都想自己独吞，那么即使你拥有旷世才华，也只能沦为无用的白纸！

永远不要瞧不起那些现在看起来很俗的人。若干年后，他们或许就是最不俗的人。

锋芒太露没饭吃——这是跌过跟头的老祖宗用鲜血和脑浆写下的忠告！凡是做大事业的人，都应该修炼“藏锋”之功。当智则智，当愚则愚。必要时，甚至装一装“低能儿”、做一做“糊涂人”，都是明智之举。

天桥上摆摊算卦的老头随便弄把胡子就能冒充大师，糊弄那些貌似很精明的人。为什么他们能够得逞呢？那是人类趋吉避凶的本性使然。人们与生俱来的这一天性，可不是读了几天《三字经》就可以彻底抹杀和消除得了的。如果你能在这个世界上找到一个不懂趋吉避凶的正常人，我可以毫不犹豫地给你一百万！

从另类的角度来看，嫌贫爱富的人性本质推动着社会的发展。如果人人喜欢贫穷落后，那么谁还愿意从事体力劳动？谁还愿意从事脑力创造？哪儿来的吃的、穿的、用的和住的？这样社会就会停滞不前，甚至倒退！所以，我们应该将嫌贫爱富看做一种正常的社会现象。

别人凭什么要把自己辛苦得到的午餐送给你？换句话说，你会把自己辛苦挣来的午餐给别人吗？如果觉得不可以，那为什么相信别人可以做到呢？所以，与其把毫无根据的希望寄托在别人身上，不如自己去努力挣午餐！

面对那些沉默寡言、喜怒不形于色的人，我们说话办事须十分谨慎，不能急着把自己的底牌暴露给他们。这些人的城府往往很深，心计也比较多，如果你说话办事欠考虑，很容易被他们抓住把柄反过来利用你。

亲友间大多只能同患难，不能共享福。老板和员工之间则大多只能同享福，不能共患难。

人不怕不聪明，就怕太聪明。聪明一过头便会盲目，便会目中无人，便会不知天高地厚、忘乎所以。这个时候，看似很聪明的人其实已经等于是半个傻子了！

古今得祸者绝大多数是精明的人，现在的人唯恐不能精明到极点，其实这才是最愚蠢的。

当一个美丽的女人炫耀自己的美丽时，她就开始变得丑陋了；一个聪明人炫耀自己的聪明时，就开始变得愚蠢了；一个有才华的人炫耀自己的才华时，就开始变得一文不值了！

如果利润 10% 是合理的，本来你可以拿到 11%，但还是拿 9%

为上策，因为只有这样才会让后续的生意源源而来。

在官场混的人必须处处小心、时时注意。哪怕你荣耀了大半辈子，如果最后犯个大错，可能你的一生就这样毁了。人生就是如此奇妙，做人就像种田，最后的收成才是评定的标准。

“取乎其上，得乎其中；取乎其中，得乎其下；取乎其下，则无所得矣。”意思就是说，如果一开始的期望是一流，最后达到的效果可能只是中流；如果一开始期望的只是中流，最后达到的效果只能是末流；如果一开始期望的只是末流，最后可能什么都得不到。

在一些特殊场合中，有些聪明人会主动将主角的位置让给别人，自己则心甘情愿当配角。这并不是失败，甚至可以说是一种策略性的胜出。他让出的只是一个主角的虚名，而赢得的是真正的实惠。

有句话说：“呼唤什么就缺什么。”虽然中国人呼唤中庸之道，但在实际生活中处处走极端。正因如此，现在国家才提倡和谐社会，核心含义就是中庸，让世人不要偏激和走极端。

对一个中国人来说，生命有多宝贵，面子就有多宝贵。你给足别人面子，别人就会给足你一切；如果你伤了别人的面子和自尊，别人就会对你恨之入骨，彻底把你放在他的对立面。

不要用情绪化的方式批评别人，尤其注意要就事论事，避免评价别人的人格、兴趣与家庭教养。批评别人时若能提出解决方案就更有建设性，同时不忘肯定别人的长处。此外，如果批评时能采用幽默的语言，效果往往会更佳。

爱听甜言蜜语是每个人的弱点，无论谁都容易上当。世上几乎所有的女人都喜欢听甜言蜜语，许多女人正是因为男人的甜言蜜语而嫁错了人。

最高明的情感投资技巧是雪中送炭，而不是锦上添花。

一开始先给下属一个下马威，让他们知道你的厉害，然后再慢慢放宽尺度，让他们感激你的退让和随和。这就是CEO的管理智慧。

不管对方的话有多难听，我们都要让对方把话说完，听听他到底想要表达什么。

上苍总是厚爱那些沉默和隐忍的人。年轻时看到他人的风光，我们不必眼红忌妒。只要持之以恒地做事，积极认真地做人，每个人都会迎来属于自己的成功!

要想钓到鱼，就要像鱼那样去思考。无论你本人多么喜欢草莓，鱼都不会理睬它；只有以鱼本身喜爱的蚯蚓为饵，它才会上钩。

一个施恩惠于人的人不要将此事记挂在心头，也不要张扬出去让别人赞美，那么即使是一斗粟的付出也能得到万斗米的回报。如果一个以财物帮助别人的人总要求别人回报他，那么即使付出万两黄金，也难有一文钱的功德。

有这样一个经典的公式：欲望－实力＝痛苦程度。当欲望远远超过实力，无论如何都不能实现时，就是一个人最痛苦的时候，很容易走火入魔。

一个人在春风得意的时候，往往是最危险的!

目 录

第三章 世界上到处都是“聪明”的傻子 / 062

当一个美丽的女人炫耀自己的美丽时，她就开始变得丑陋！当一个聪明人炫耀自己的聪明时，他就开始变得愚蠢！看看孔雀开屏就会明白——孔雀在开屏时，虽然绽放了光彩绚烂的羽毛，但同时也露出了最丑陋难看的屁股！

第四章 不要被人卖了还帮人数钱 / 087

在这个世界上，不懂混社会的人被称为傻子毫不为过。单纯，有时并不是一件好事。所谓害人之心不可有，防人之心不可无。所以，要学会混社会的技巧，不要被人卖了还帮人数钱！

第五章　为什么那些无功也无过的人地位最稳固 / 110

为什么那些什么都不说、什么都不做的人，无功也无过，地位反而最稳固？为什么有的人做得很棒却得不到重用？其中究竟隐藏着哪些不为人知的秘密？

第六章　真理往往在少数人手中——不要活在别人的眼睛和嘴巴里 / 142

群众的眼睛真的是雪亮的吗？

事实上，为大多数人所认同、接受、倡导的未必就是真理。真理往往掌握在少数人手里，成功也往往只属于少数人。如果大部分人认同的东西是对的，是真理，那么社会上的大多数人都应该是成功者。可为什么成功者始终是少数呢？

第七章　即使天塌下来，也要有一颗从容的心 / 164

混社会需要修炼自我心态——泰山崩于前而色不变，麋鹿在面前狂舞而眼睛都不眨一下。一个人不具备这种素质就注定无法干大事，无论如何卖力折腾也只能是养家糊口而已！

第八章　混社会靠实力——武林高手是这样练成的 / 188

混社会靠什么吃饭？

有人说，关系、人手、钱、强有力的后台……诚然，这些都很重要，但是最关键的只有一句话：实力！没实力在当今这个社会是很难混下去的，实力是一切的前提！

第九章　混社会要装×——你的气场会告诉大家你有几斤几两 / 208

混社会必须学会装×！社会是一个大舞台，如果以原生态的面目展示自己，那演技就太低劣了！事实上，那些气场强大的人大都是装×出来的，只要掌握一定的技巧，你也可以做到。从现在开始，从细节中打造自己，让别人看到你与众不同的气场！

第十章　混社会要懂换位思考——对牛弹琴，不如喂牛青草 / 230

在对牛弹琴的过程中，真正愚蠢的是牛吗？

错！真正愚蠢的是弹琴的人！

他不懂换位思考，不具有自省精神，不了解牛的需求，只是一意孤行，这样做不是蠢蛋是什么？事实上，只需要一把青草就可以让牛服服帖帖！

第十一章　不要在欲望面前迷失自己的本性 / 253

有这样一个公式：欲望-实力=痛苦指数。

当欲望远远超过自己的实力又不能实现时，就是一个人最痛苦的时候，就容易走火入魔。个人欲望要跟个人实力相匹配。一旦两者严重不协调，人的心理就会扭曲！

第十二章　尽人事，听天命 / 270

谋事在人，成事在天。一语道破世间成败的玄机。

一个人的成功既靠努力，也靠机遇。我们所能做的一切就是尽人事，听天命！

后记 / 288

第一章　“牛人”混社会靠什么

混社会的第一要义——锋芒太露容易没饭吃。

好吃的东西不要一个人独吞，要适当分给大家一些，否则别人就会忌恨你！

◆ 好吃的东西不要一个人独吞

小时候，爸爸经常告诫我：“好吃的东西不要一个人独吞，要适当分给大家一些，否则小伙伴就不跟你一起玩，别人就忌恨你，有了好处也会把你挤到一边。”那时候，我对这些话似懂非懂、半信半疑，所以总会因为一些小事与人争抢不休。

等我长大步入社会，经历了现实的磨砺和复杂的人际关系之后，我彻底明白了这句话的深刻含义。一路上磕磕绊绊，很多看不见的人际规律在左右着自己的命运，不管我承认或不承认，在最开始的时候，我是无法明白爸爸这句话的，于是在人群中撞得头破血流是常有的事。不经蹉跎，不长智慧，当我脑袋上的伤口结痂时，我才开始认真琢磨起爸爸的话来，这才震惊地发现——我遇到的很多问题，其实都是因为没有认真执行这句话。

一个人只有懂得了这个道理，才能顿悟“牛人”成功的原因。我们可以想象这样的场景：一群小朋友聚在一起做游戏，其中一个孩子肚子饿了，就从包里拿出好吃的糕点，正好被大家看到。这时，他有两种选择：分一些给大家，或者自己独吞。这个时候到底应该怎么办？选择是在瞬间作出的，能导致截然不同的结果。具体结果如下：

1. 分给大家。小伙伴们因为得到了他的糕点，都很喜欢他、拥护他。从这一刻起，他的人气蹿升，从这群同龄人中脱颖而出，成为这个小团体中当之无愧的领袖，将来还可能成为号召力很强的人，很可能就是政界、军界、商界等各行业首脑级人物。由于懂得分享，他最终得到的将会更多！

2. 自己独吞。当然，他可以旁若无人地全塞进自己嘴里吃掉。糕点是他的，这没问题，他有这个权利和资格，但是这样做会有什么后果呢？很显然，大家都拿他当小气鬼，以后没人跟他玩。他失去了在团队中当头狼的一个机会，而且失去了团队的信任，拐进一条狭窄的人生胡同。顺着这条轨迹成长，他将来很可能就是一个普通人，一个湮没在芸芸众生中的小人物。

一个不经意的选择，就可能决定人的一生。明白了这个道理，你还会轻视必要的分享吗？要知道，并不是所有的事情都是狭路相逢勇者胜，懂得在恰当的时机与人分享，可以让大家都得到利益，最后自己也会戴上赢家的桂冠！

人与人之间的相处，很多时候并不是单项选择题——有你没他，而是多项选择，可以双赢。有些人不明白，他们只知道鱼死网破，不是你死就是我活。为争名夺利打得头破血流、同归于尽的例子经常在我们身边上演。这种人永远不能体悟到，在必要时让一步反而能给自己带来更大的好处。不管是在机关混，还是出来自己闯，懂得了这一点才能事事顺心，否则就等着处处碰壁吧！

我认识一个年轻的公务员，毕业于名校，才华横溢，走到哪儿都带着一股指点江山、舍我其谁的气势。他觉得别人都如小蝼蚁，不配跟自己比。“我的能力最强，所以理应得到最多。”他总是这么想，得到了好处也不与同事分享，事事都独占头功，而且他感觉这最自然不过了，从来都不认为有什么不对劲。

结果怎么样呢？部门里的同事联起手来结成同盟，跟这位“优秀人才”较劲，合力拆他的墙脚、拖他的后腿，处处给他找麻烦，任你多么大公无私、尽职尽责，我等就是不配合。你不是能耐大吗？你不是爱表现抢头功吗？那就让你一个人去折腾。你瞧不起我们，我们还懒得理你！这个公务员虽然野心和心劲很大，但处在这种环境下要想做成点儿事情，那真是比登天还难！

最后，这个年轻人的工作当然做不好了，走到哪儿都碰壁，满腹才华无法施展，甚至没处诉苦。于是，领导痛责，同事不怜，他在每个人面前都没落下好印象。到了这个地步，单位分给他的那把椅子就该收回去了。

只想好处独占却落个一无所有，你说可怜不可怜？但这还不是最可怜的，真正可怜的是他一直未能醒悟，不知道自己错在哪里。这就像项羽自杀之前，一直认为是老天故意要跟他对着干，不是自己有问题。其实这就是情商太低的表现，自己错了都认识不到，还把责任推给老天，那你不灭亡谁灭亡？很多时候，上天给了你飞黄腾达的机会，往往是你自己不好好珍惜，因为情商太低，不懂人情世故，活活自我作践死了。

这种事随处可见，我亲身经历的就不知道有多少。记得有句话说："世界上没有永远的朋友，也没有永远的敌人，只有永远的利益。"这句话表明了国与国之间、人与人之间交往的根本其实就是利益分配。懂得利益分配，就悟透了人性的本质、社会的真相。

利益才是人心最好的撬杠。《菜根谭》中说："人情反复，世路崎岖。行不去处，须知退一步之法；行得去处，务加让三分之功。"意思就是，人间世情反复无常，人生之路崎岖不平。在人生之路走不通的地方，要知道退让一步的道理；在走得过去的地方，也一定要给予人家三分的便利，这样才能逢凶化吉、一帆风顺。

出来混的人必须明白：留一步、让三分，不仅是给别人留一条活路，也是增加人际资源的绝妙策略。今天你让了他一步，明天他会还你两步，等于交了一个好朋友，在社会上就多打开了一扇通往成功的方便之门。如果你不懂利益均沾原则，凡是好处都自己独吞，那么即使你拥有旷世才华，也只能是无用的白纸。如果学点儿分享主义，好处利益分给众人，让每个人的心理得到平衡，这样大家肯定会通力合作，协助你顺利取得成功。

大凡成功的“牛人”无一例外都懂得这一点。他们大都一掷千金，让跟随自己的人得到实惠，从而使他们愿意为自己死心塌地、赴汤蹈火。即使是最精明的大商人，也都奉行这一理念。比如，一个大项目，明明自己有能力承接，也要拉合作伙伴一起开发，以此展现自己“路留一步，味让三分”的气度，宣告自己不是那种断人财路、独占福源的人。

事实正是如此，唯我独尊最危险，大家都有汤喝才是王者之道！这一处世之法是中国几千年来一直奉行的“潜规则”。是否懂得这一处世之法，决定了一个人的一生是坎坷不平，还是顺风顺水！

◆ 锋芒太露容易没饭吃

大人物都是些什么样的人呢？

我回想起自己第一次接触现实中大人物的样子。那是跟随姑父去拜见一位北京首长。在宴会上，首长的举手投足颠覆了我对大人物的固有印象。在我的想象中，大人物都是牛气烘烘，一副盛气凌人、很难接近的样子，但在现实中，我彻底晕了！因为眼前的这个大人物不仅没有那种唯我独尊的猛劲，反而一副慈眉善目、和蔼可亲的表情。他开怀大笑地招呼着每一个人，不会冷落任何一个，甚至还特意帮我夹了菜，就像我失散多年终于再次见面的一个很亲的亲人。这样的大人物让人觉得可亲可敬，唯独没有可畏。

我不禁对自己提出疑问：为什么大人物不是华丽牛 × 的模样？他们混混沌沌的样子如同庙宇中的弥勒佛，没有过于鲜明的个性和喜怒哀乐。你在他们的脸上看到的只是祥和圆融，看不到棱角。反观那些锋芒毕露的愣头青，他们大胆地吹牛，处处逞强，处处炫耀自己的聪明才智。事实上，他们并不能真正征服人心，只是虚张声势而已。

后来，我经历了一些事、交往了一些人、读了一些书，才有点儿明白这一切究竟是为什么。记得一本古书中有这样的话——雄鹰站立的样子好像睡着了，老虎行走时懒散无力仿佛生了大病，实际上这正是它们取食吃人的高明手段。所以，真正聪明的人要做到不炫耀、不显露才华，这样才有能力成大业、做大事。我不禁拍案叫绝！真是一语道破大人物的处世真谛！

处世真谛究竟何在？我总结了四个字：深藏不露。

翻翻历史，看看周围，我们就会得知一个现状，那就是锋芒太露的人往往没饭吃。这是跌过跟头的老祖宗用鲜血和脑浆写下来的忠告！可惜很多人就是不明白这个道理。他们认为自己聪明过人、能力超群，看谁都是豆腐渣，唯有自己是朵花，什么都不放在眼里。这种人最容易没饭吃，甚至会为此丢掉性命。

其实，世间的道理都是相通的。学佛的人都知道一个说法：“真人不露相，露相非真人。”为什么这么说呢？如果一个人是菩萨转世，就看上去跟普通人一样，没什么区别。他自己无论如何都不会主动暴露自己的真实身份。如果你去问他：“请问你是菩萨转世吗？”他绝对不会承认，甚至坚定地驳斥你。这就是真人，不会轻易露出自己的本相，但是如果到了非露不可的时候，也会一鸣惊人的。即使这样，他们露相之后也会立刻从人间消失，不会再留在尘世中了。他们深刻地明白，如果这个时候不撤离，就会遭受世人的诽谤和诋毁，菩萨的神威也就不被世人膜拜了。对出来混的人而言，这个道理同样深刻无比。

出来混的人必须认识到这一关键，真正的聪明人身怀绝技而深藏不露，绝不到处炫耀，而是等待时机一鸣惊人。有才华固然好，但是能力再强也不能整天顶在头上到处去炫耀。就像财富一样，有钱当然是好事，但你会每天都穿金戴银、提着钱箱子到街上去显摆吗？这样岂不是故意招贼惦记？小心“羡慕忌妒恨”的人在你背后起杀心下毒手！

请看网络上一些炫富的“脑残”者被网民集体斥骂的疯狂情景，你就会深切理解这一点了。不管你多么有才华，如果不懂得收敛锋芒，那就等着周围的人把你的锋芒一根根折断吧！

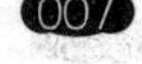

当然，有才华是好事，毕竟，才华是一个人成功的基础。一个有才华的人能得到大把的表现机会，一个无能的人即使再张扬地表现自己也不可能成功。但是，一个有才华的人如果过于炫耀自我，压制了他人的表现空间，损害了他人的利益，必然会招致众人的一致忌恨。如果发展到这一步，他的前途和事业就会非常危险，随时可能被人拉下马来！

我记得大学时学习历史，有这么一个“杯具”让我欷歔不已。三国晚期的诸葛恪，是诸葛亮的兄长诸葛瑾的儿子，名门之后，家教严格。他在很小的时候就展现出了才思敏捷、天赋过人的特质，大家都认为他的才能超过了其父诸葛瑾。不过，诸葛瑾并不因有这么一个好儿子感到高兴，反而觉得诸葛恪会给家族带来不幸。为什么呢？诸葛瑾说：“恪性格急躁、刚愎自用，而且太喜欢表现自己，锋芒过于外露终将引来祸端。”果不出其父所料，诸葛恪长大掌权后独断专行、以才压人，认为自己什么都是最好的，目中无人，最终引起众怒，被大臣们设计害死，牵连家族也遭到诛灭。

在这个世界上，才华出众却被排挤的人随处可见。他们才华在手，就像拥有一把传世名剑，逢人就要吹嘘一番，拿在手中四处挥舞，生怕别人不知道自己有惊世之才，傻乎乎地把自己树成人人想打的活靶子。他们看不见自己脚下的火坑，就这样不知不觉掉了进去。

才华犹如一把双刃剑，可以刺伤别人，也会刺伤自己，所以运用起来应当小心翼翼，平时应将它插在剑鞘里。很多时候，锋芒太露就会招致小人的忌恨和陷害，凡是做大事业的人都应该修炼“藏锋”之功。洪应明在《菜根谭》中说：“文章做到好处，无有他奇，只是恰好。”才智的使用也应如此，用至好处，只是恰好。当智则智，当愚则愚，愚也是一种智。必要时装一装“低能儿”，做一做“糊涂人”，都是明智之举。

当一个人遭遇挫折的时候，或许会抱怨呐喊——我这么有才华，为什么却落了个穷困潦倒、一事无成的下场？苍天真是不公！苍天真的不公吗？非也，是他不懂得基本的人情世故的缘故，这一切都是他自己造成的。当他面临人生败局时，是否应该自我反思一下呢？是否做得太过分了？是否目中无人，过于突出自己，忽视了众人的感受？是否自以为聪明绝顶，别人都愚不可及？一个人如果这样反思一番，就能找到问题的症结，然后对症治疗，等顿悟明澈之后，就真正成熟起来了。

翻开二十四史，我们可以轻易地发现，被小人运用阴谋诡计杀害的忠臣良将不计其数。一方面是因为小人过于奸诈残忍，另一方面又何尝不是因为被害者不懂得玉韫珠藏的智慧呢？他们的行为过于张扬，才华过于横溢，同时又目空一切，不把身边的同僚放在眼里，这样的人不掉脑袋才怪。

或许有人会说：“都是中国的文化环境不好，太推崇玩阴的权谋。不行，我要移民！这样我就可以天真单纯地生活了。”果真如此吗？难道只有中国人才这样吗？事实上，世界各地皆如是。即使你到了火星，只要火星上有 N 个人存在，那就少不了要懂人情世故。在人际交往中，我们一定不能自作聪明，要学会真聪明——切忌只知伸不知屈；只知进不知退；只知自我表现，不知韬光养晦。否则的话，即使你才高八斗，也照样是两手空空。

出来混的人都要掌握这种低调隐忍的做人法则。我记得欧洲有这样一种说法："法兰西人的聪明藏在内，西班牙人的聪明露于外。"前者是真聪明，后者是假聪明。换句话说就是，多一些深思熟虑，少一些锋芒毕露，千万不要把肚子里的"宝贝"像竹筒倒豆子一样全拿出来。若不懂得这个道理，就算你肚里有再多的"宝贝"，也终将成为别人的囊中之物！

◆ 兔子急了会咬人，千万别把对手逼到绝路上

我年轻的时候是一个愤青，认为凡事应该公事公办，总要刨根问底，非要让别人说出个所以然来，给一个明确正面的回答。但别人往往跟你"玩太极"，含糊不清地回避问题。这时候，我自然会愤怒，偏偏要与人死磕到底，结果当然是没有什么好果子吃。

小学没毕业的母亲是一个喜欢观察世道人心的人，平时爱随口说一些很有哲理的俗语，其中有一句我最为耳熟能详，即"兔子急了也会咬人"。往往在我不淡定的时候，母亲就会通过这句话劝我在某些场合切勿逼人太甚。这句话大家也都经常说，由于听得耳朵长

跗了，当时总是不屑一顾。

但这句话终归是过来人的经验之谈，只有经历过人世艰辛的人才能明白。我现在明白了，幸好还不是太迟。

为什么说兔子急了也会咬人呢？要知道，兔子本来是很温驯的动物，不到万不得已它一定不会反击，但如果被人逼到绝路上，就必然会孤注一掷！

正因为这个道理，落水狗不能打，打急了它会扑上来跟你拼命。穷寇不要追，是因为困兽犹斗、垂死挣扎，会对你造成不必要的伤害。做人做事要懂这个基本常识，给对方留条活路，你也受益无穷。有些人就喜欢落井下石、赶尽杀绝，结果呢，对手永远杀不绝，自己的立足之地反而越来越窄。

有段时间，我嗜读《汉书》，发现书中有相关的案例。看来从古至今，人性在本质上都是相同的，变来变去只是形式上的区别而已。

东汉年间，大将窦固率军攻击匈奴。这支匈奴骑兵只有五百人，从大漠深处飞奔而来，为的就是趁秋收期间抢夺老百姓的粮食，但他们刚入关不久就被窦固的兵马围在了一座山谷中。汉军把山谷两侧的出口堵了个滴水不漏，然而连续向内攻击了十几次，都没能把这区区五百人歼灭。匈奴人组成一个圆阵躲在石头后面，不停地向外放箭，谷口躺满了汉军士兵的尸体。

窦固见此情景，命令部下把一侧出口的士兵撤走，留为出口。

部下大惑不解："将军，敌军陷入重围，就是插翅也飞不出去啊！何况只有区区几百人，只要再攻数日，一定能将他们全歼！不知您为何要放他们逃生？""当然不是放他们逃生。"窦固说，"现在他们没有退路，必然个个向前，奋勇死战。何况谷内草木繁盛、水源充足，他们也困不死。长时间这样耗下去，就算我军最后大获全胜也会伤亡惨重，所以才要放他们出来，在追逐中斩杀他们。"

情况果然如窦固所料，这支匈奴部队从山谷里逃出来之后，眼见有了生路，拼命地向北逃跑，犹如惊弓之鸟，队形散了，人心乱了，没有人想着再回头跟汉军拼命。窦固率领的汉军就在后面保持着一定距离，不断用弓箭进行射杀，不到一天就消灭了这股入侵之敌。

兵者，置之死地而后生。这个道理很容易理解，如果我们把敌人逼到绝路，让他们看不到一点儿希望，他们就会破釜沉舟，跟我们来个鱼死网破。此时，敌人个个都是猛虎，个个背水一战。我们要想打胜仗可就不那么容易了！即使最后赢了，也需要付出巨大的代价。

在战场上，像这种置之死地而后生的例子屡见不鲜。春秋时，燕将乐毅出兵攻打齐国，只有即墨城没有攻打下来，他们将敌人围得死死的，猛攻紧打。这时齐军已到垂死的边缘，齐国名将突然田单振臂高呼："国就要亡了，我们怎还会有家？"于是士兵人人都有誓死报国的决心，很快就收复了全部失地。我们假设一下：如果燕军在攻到即墨城时能放对方一条生路，他们必将竞相逃命，哪有士气可言？就算换个地方再战，对方因为有了失败经历，如同惊弓之鸟，也很容易对付，可谓最薄弱的环节，照准这个环节一刀砍下去，哪有不胜之理？

生意场上也是如此。蒙牛公司的总裁牛根生说："不要把你的竞争对手逼到绝路，也不要轻易激怒他……损人一千、自耗八百的蠢事不要干。"事情往往如此！当我们咄咄逼人，把对手逼得无路可逃的时候，自己也发不了财，甚至会赔个精光。因为对方无路可走的时候，必定会像兔子蹬鹰一样，以疯狂的策略给我们以致命一击。这样一来，即使我们击败了对手，自己也伤得不轻。这样的话，就算不上什么胜利，反而是不败之败了。

上海有一家贸易公司的老板做生意特别厉害，运用"大鱼吃小鱼"的吞并策略，将当地大大小小十几家企业全都吃进了肚，形成了一个局部垄断的大集团。他出手毒辣，不留余地，因此他的生意扩张得很快。

可是，此举得罪了不少人，尤其是那些失去当前财路、又没有机会另寻生路的人。就在这家公司生意蒸蒸日上、名声达到顶峰的时候，一些被他打败的对手搜集到了这家公司在某项投资中官商勾结、暗箱操作的证据，举报给了经侦部门。这个霸道十足的商业帝国就这样顷刻间轰然坍塌。

在为人处世方面，这个道理同样适用。我们总会碰见形形色色的人，有些人或许会露出弱点和错误，这个时候如果你步步紧逼，抓住他的错误打击到底，不给一点儿面子，也不给对方一点儿台阶下，如此一来，对方就会跟你针锋相对，撕破脸皮斗到底，不是他死就是你亡！你们不仅做不了正常的朋友，说不定还会成为世代的仇敌。这对你人脉圈的拓展非常不利，必将严重影响你未来事业的发展。

社会上有些人就喜欢疾恶如仇，这当然是值得唱颂歌的，但是这样真的可以彻底解决问题吗？明朝清官海瑞，可以说是清如水明如镜了，对待贪官毫不留情。但后来他竟然上书大骂皇帝懒惰奸猾，这就是不想混了，因而他的下场是很悲惨的。很多时候，事情做绝，自己也就在劫难逃了。铲除邪恶、杜绝小人，这是我们内心的道德驱使，这是美好的价值观，值得发扬光大。但是在具体的操作方法上，有时应给他人留一条改过自新的生路。如果逼得对方无立足之地，就像把老鼠能够逃生的出口都堵住，它会在走投无路的情况下，把一切好东西全都咬坏。你千万不要轻视某些人的破坏力，最可怕的就是临死之前的反戈一击！

出来混的人一定要懂得“千万别把对手逼到绝路上”这一处世法则。对于那些无伤大雅的小错误，应该大度地给对方一个调整纠正的空间，必要时甚至可以帮对方遮掩一下。这样一来，你收获的不仅是衷心的感激，还有众人死心塌地的支持！

◆ 诚实不当傻瓜，坦诚而不幼稚

凡是吃过亏、栽过跟头的过来人都喜欢说这样一句话：“忠厚是无用的别名。”也许这话说得太刻薄了一点儿，但如果我们仔细想一想就会发现，这句话绝不是空穴来风，更不是教人作恶的不良言辞，而是无数过来人在屡屡碰壁之后归纳总结出的人生警句——他们都曾为此付出巨大的代价。

让我们假设一下：如果你过于忠厚和实诚，别人套什么话都一一作答；当你问别人的时候，他却以各种各样的理由进行推托。过后的感觉就像被人扒光了衣服，而别人穿戴体面地坐在车厢里笑你是傻瓜。确实如此，在现实中到处可见被骗了还帮人数钱的人，他们回头还不忘说句“谢谢”。

我的朋友林立就是一个特别忠厚老实的人，在外地生活了二十年，还是怎么也学不会社会上那些人的狡猾，更不会辨别他们的虚伪。林立曾经做过电器生意，总是因为过分相信别人，不是被客户拖欠货款，就是被员工勒索盗窃。这种忠厚老实在亲友们看来其实就是懦弱，经常受到指责和埋怨。几经挫折后，再加上患有心脏病，林立终于放弃了做生意的念头，踏上去东北的火车，在黑龙江的一家农场帮人打工，一直艰苦地生活着。

在这个世界上，每个人都在为生存而奔波，我们逃避不了这个板上钉钉的现实。为了能够生存下来，为了能够生活得更好，我们有必要让自己变得智慧起来，有必要让自己在复杂的社会关系中游刃有余。因此我们要牢记的一条就是——做人不可太老实，否则很可能一辈子拼命奋斗而一无所获。很多人想不明白，为什么自己勤奋一生仍然不能富有起来？相信在这里能找到正确答案。

做人不可太老实，并非教人学坏的言辞，而是痛心教导世人在为人处世时要懂得弹性和技巧。要知道，历史上很多人就是因为过于忠厚实诚，轻易交心而泄露底牌，最终为自己惹来了杀身之祸。

宋文帝刘义隆是南北朝时期宋朝的第三位皇帝，忠厚坦诚，平易近人，为人大度，深受百姓喜爱。在其晚年的时候，太子刘劭急于篡权，把文帝的玉像埋在含章殿前诅咒他快死，自己好快点儿继位。刚开始，文帝蒙在鼓里不知道，不久，刘劭的奴仆陈天兴与婢女王鹦鹉私通被发现，被刘劭杀掉了。与陈天兴一起埋玉像施行诅咒的太监门庆国吓坏了，误以为自己肯定也要被灭口，就向文帝坦白了事情的真相。

文帝得知这件事以后又惊又气，派人搜查太子的罪证。当夜，文帝与尚书仆射徐湛之密谋，准备废太子，还要赐死太子的同党——小王爷刘濬。

眼看这两个阴谋家就要完蛋了，因为只要皇帝一下令，这个局就定了，可是，这个轻而易举的胜局竟然坏在皇帝自己手里。胸无城府的文帝一时晕了头，把此事一五一十地告诉了潘淑妃。潘淑妃是什么人哪？小王爷刘濬的养母。她爱子心切，秘密通知了小王爷刘濬。刘濬马上派人速报太子刘劭，他们连夜起兵，进入皇宫把文帝杀了。

如果文帝能事先想想潘淑妃与刘浚的关系以及刘浚与太子的交情，参透其中的利害，怎么会轻易泄露这么重要的机密呢？所以，仁慈诚实可以，但切莫在关键问题上胸无城府、毫无戒备。这就告诉我们在说话做事之时，一定要看清对方是谁，了解他是什么性格，平时做事的特点是怎样的……这一切都要事先有个基本的分析，千万不可对谁都忠厚老实，动不动就掏心窝子。

在社会上打拼多年，我最怕的就是与那些心机很重的人打交道。这类人往往沉默寡言、喜怒不形于色，城府很深，与之交往过程中就需要注意——千万不能太急着把自己的信息暴露给他，因为你不知道他是善意还是恶意。如果说话做事太仓促、太缺乏考量，很容易被他抓住把柄，反过来利用你！对我本人来说，是吃过这样的大亏的。记得有一年，我与一位文化界的同行在饭局上聊得很惬意，于是我就私下里跟他透露了自己目前正在运作的一个项目。他不停地点头和赞赏，我当时也飘飘然，很春风得意的样子。可后来我的项目做完投放市场的时候，我彻底晕菜了——这家伙已把这个项目快速做完并提前投放市场了，而我的这个原创项目就变成跟风和盗版的了。所有的名和利都被他占了，我的这个项目等于被“剖腹”。每次想起这件事，我都郁闷个三四天，这多少给我上了一课，坦诚可以，但幼稚“脑残”的错误尽量少犯。

你是否也有过类似的经历？如果是，那就要警醒了。相信被欺骗、

被利用的滋味没人愿意品尝吧？为了避免这样的下场，我们就要让自己“逢人且说三分话，未可全抛一片心”。这一忠告听起来好像很滑头，实际上并非如此，这是一种谨慎的处世态度。这些看似很邪恶的念头其实都不是我们天生的，都是被现实活活逼出来的啊！

我认为，为了避免“杯具”，跟人交往时，我们有必要牢记一个原则——诚实但不当傻瓜，坦诚而不幼稚！

诚实但不当傻瓜是什么意思呢？就是保证自己说给别人听的话大都是真实的，不含欺骗成分。如果把自己的全部想法毫无保留地告诉对方，那你就是傻瓜了。比如做生意，你不弄清合伙人是什么人，不十分了解他的用意，然后就将客户信息泄露给他，这时他就会甩开你，直接去跟客户做生意了。

坦诚而不幼稚又怎么讲呢？世界上总有人心险恶的一面，我们要懂得把握分寸。如果总是怀疑一切，拒人于千里之外，就说明你不够坦诚。如果不管对方是什么人，你都傻呵呵地跑过去掏心窝子，一相情愿地以为会得到对方善意的回应，这就相当幼稚了。

诚实与傻瓜之间的区别就在于此。这就要求我们对待不同的人，说话做事一定要有区别。“逢人且说三分话”这三分都是真话，那七分不说的也是真话。“未可全抛一片心”抛出来的是真心，藏在心里的当然也是真心。所以在为人处世过程中，我们可以忠厚，但绝对不能当傻瓜，被人卖了还帮人数钱是可悲的，这种傻事千万不要落到自己身上！

◆ 天下没有免费的午餐

几百年前，一个老国王交给他最聪明的臣子一个任务：“你去给我编一本书，叫《各时代的智慧录》，以传给我们的子孙。”

这个臣子接到任务后，就带着一批人去编书了。他花费了很长时间，整整编写了十二卷，几百万字。老国王看到他编好的书说：“我相信这是各时代的智慧结晶，但是它太厚了，我怕后人不能认真地看完，最好把它浓缩一下。”

臣子又精简了很多，最后将十二部书精简到一卷。但国王还是认为有些长，命令臣子再去压缩。臣子无奈，只得把这卷书浓缩到了一篇文章。老国王还是觉得有些长，臣子不得不又进行浓缩，把一篇文章浓缩到了一页，后来又把一页浓缩到一段。最终，浓缩到一句话。

老国王看到这句话，十分高兴：“各位爱卿，这可是各时代的结晶啊！只要大家掌握了这句话，所有的问题就都能迎刃而解了。”

这句经过千锤百炼的话就是——天下没有免费的午餐！

确实如此，不该得的福分，从天而降的意外之财，即使不是上天故意诱惑你，也肯定是让你上钩的陷阱。如果不睁大眼睛就很难逃过这些诈术圈套，很少有人能不上当受骗的。

我想：磕磕绊绊成长到现在，每个人都被骗子骗过，上过昂贵的“人生课”，这些都是血泪经验。所以，我们要牢牢记住一个信条——天上不会掉馅饼，世界上没有免费的午餐！如果不是互有利益关系，谁也没有义务为你提供免费的午餐，就好像糖衣炮弹，蜜

糖下包裹的可能是致命的毒药。

收下免费的午餐就得收下伴随而来的诸多麻烦，这就叫“吃不了兜着走”。

是的，谁不想一夜成名、一夜暴富呢？这样就省得自己辛苦拼命了。但是这怎么可能呢？别人凭什么把自己辛辛苦苦得到的午餐送给你？换句话说，你会把自己辛苦挣来的午餐给别人吗？如果觉得不可以，那为什么相信别人可以做到呢？所以，与其把这些毫无根据的希望寄托在别人身上，不如自己去努力挣午餐。

母亲曾跟我讲过一次自己受骗的经历。

一天，她走在繁华的马路上，突然看到路边不起眼的角落里放着一个钱包。钱包的拉链敞开着一半，里面露出几张百元大钞。母亲顿时就动了心，上去把它捡起来，打开一看，里面有五千元钱。

这下可发财啦！母亲正想揣进兜里，旁边过来两个人，他们警告说：“这不是你的钱，我们也都看见了，要想不让我们告发你，就得分给我们一半！这样吧，你先把这个钱包藏起来，别让人发现了。现在你口袋里有多少钱，随便给点儿就行！”

母亲心想也可以啊，她口袋只有几百块钱，堵住他们的嘴巴，这些钱都全归自己了！于是想都没想就把口袋里的钱全部掏给他们了。等这两人走后，母亲越想越不对劲，重新把捡到的钱拿出来对着太阳仔细一瞧——全是假钞！

骗子就是这样成功的。他们利用了人性中贪图意外之财的弱点，跟鸟儿和鱼儿被诱饵引上钩是完全相同的道理。小人欲有所图，就会抓住你对财富的贪欲，让你主动跳进他们事先设计好的陷阱里。

社会是一个大林子，林子大了，什么鸟儿都有。在这个纷繁的世界，我们必须懂点儿明哲保身的学问。正缘于此，凡是电话、网络通知中奖，手机短信告诉领钱的，都应该一律不当回事。要知道，世上哪儿有这么美的事，都让你一个人赶上了？

其实，每个人身上本来就有别人可能有所图的地方，只是受害者本人也许不清楚自己到底能付出什么。这样的人在警惕性不高的情况下，很容易上当。

免费的午餐会以很多形式出现，比如善意的面孔背后往往藏着恶心的要求，比如赤裸裸的交易，比如送上门的好事，然而接下来却麻烦不断……记住，没有人能不付出任何努力就得到好处，除非是陷阱。因此，当遇到“免费午餐”的时候，一定要继续往前看看，是不是还有好大一个圈套在那里等着？

天下没有免费的午餐，如果有人莫名其妙地送午餐给你，你一定要动脑筋想想这午餐里是不是有毒？如果有个陌生人无缘无故将一件大包裹送给你，你也一定要怀疑包裹里面是否装有毒品、炸弹？总之，骗子的圈套和陷阱虽然千变万化，但万变不离其宗，只要牢记两句话，保你安全无虞。

天上不会掉馅饼！

不见兔子不撒鹰！

◆ 不要做功高盖主被诛杀的那个人

很多读过《二十四史》的人不禁心生感慨：“开国皇帝打天下，成功之后都免不了要杀戮功臣！”这似乎已成了一条铁律。即使英明君主如汉高祖刘邦、如唐太宗李世民、如明太祖朱元璋等，也都无一例外。这一规律是如此残酷和血腥，让功臣名将们稀里糊涂地就掉了脑袋。

这一铁律背后究竟隐藏着什么秘密？

曾经无比英明的君主们为何突然变得如此糊涂，如此残忍绝情、忘恩负义？

一言以蔽之，功高盖主是也！正所谓：“树大招风，官大担险。”就是因为你的能力太强、势力太大，而且又不懂得收敛和低调，这个时候就成了老板或上级眼中的刺，弄不好就刺得他满手是血。只要事情到了这一地步，哪怕原来是光着屁股一起混到大的伙伴，你们之间的关系也离破裂不远了。历史上许多开国大臣都是因功高盖主又不知进退，因而最后丢掉性命的。

韩信是秦末汉初的军事奇才，年轻时忍受胯下之辱，终于得到机会辅助刘邦击败项羽，建立了汉家四百年江山。但是，权势通天、位极人臣的他失去了年轻时的睿智与警醒。他明知自己功高盖主，已是刘邦的眼中钉、肉中刺，对刘邦的统治造成了巨大威胁，但仍然不懂得急流勇退，甚至连一点儿低调的态度都没有。

不仅如此，韩信还幻想着刘邦把山东等地分封给他，建立一个世代存续的国中之国，永远不向朝廷纳税。到最后，甚至有了将刘邦取代的想法。结果可想而知，在刘邦的默许、萧何的精心策划下，他被骗进京城，刘邦以迅雷不及掩耳之势将其诛杀。

凡事做得太过、力量用到极点，风头盖过上司，就没有回旋的余地，就无法保护自己。越是有才华、有能力的人越会招来君主的猜忌，君主担心这些人垂涎自己的位置，自然要先动手除去他们了。所以人们总是只能同患难，不能共享福。

朱元璋为太子摘刺的故事，又是一个血淋淋的例子。

为了让太子接位，能够镇服满朝大臣，朱元璋采取个个击破的办法，逐一将过去一起打天下的丞相胡惟庸、大将军蓝玉等人以各种罪名满门抄斩，铲除了对太子的威胁。看到朱元璋如此残忍地杀人，性情仁厚的太子前去劝阻。朱元璋一句话都没说，只是将一根带刺的木棒扔到地上："把它捡起来！"太子一摸，顿时刺得满手鲜血，赶紧扔掉了。这时朱元璋拿起木棒，用剑将上面的利刺全部削掉，然后交到太子手中，冷笑道："这些刺，如果我不替你除去，你拿得了吗？"在朱元璋的眼中，功高盖主的开国大臣们就像这些扎手的刺，严重威胁了皇权未来的统治。

政治家功高盖主、得意忘形会掉脑袋，而作为普通人的我们，如果思考不够审慎，在现实中就会乐极生悲。掉脑袋不会，摔跟头、倒大霉却是一定的。网络上有位功高盖主的中层经理这样写道："现在我遇到了许多像朱元璋这样的人，他们攻击并且诬陷我，我被整得好惨，无奈至极。我庆幸没有出生在封建社会，而是出生在法治社会，否则我肯定会被那些小人杀了。”

在现实中，如果你有翘尾巴的嫌疑，就一定要注意以下几点了：

第一，态度要端正。你要认清形势，无论你的上司多么无能，终究他是上司，你是下属，你不能改变就必须面对。

第二，行动要低调。将心比心，你也不希望下属的锋芒盖过你吧？所以，不论在公共场合还是私底下，你都要给足上司面子。比如写个报告，做好后可以让上司审阅，让他作些无伤大雅的修改；有上司在的话，别人表扬你的工作时，你不要忘了附带一句，谢谢上司的支持。在大家讨论工作问题时，不要和上司发生激烈的争执，有话可以私底下好好说。

第三，千万不要越级汇报和邀功。这在很多公司都是非常忌讳的。我曾经历过这样的事情，销售员王凯在销售经理肖金的指导下，签了一个二十万元的单，该业绩理所当然应算做两个人的。但是王凯觉得所有工作都是自己做的，肖金只是在旁边指点一二，根本就没参与，凭什么瓜分自己的劳动成果？于是，在愤愤不平下，王凯给老总发了一封电子邮件说明情况，证明这个单百分之百是自己做的，跟肖金没关系。老总信了他的话，追加了提成。尽管他的提成增加了，但还是在经理肖金手下干活。从此他的噩梦便开始了，肖金动不动就给他小鞋穿，最后王凯不得不辞职了事。

我曾听人说过这样一句话：“亲戚朋友之间大多只能同患难，不能共享福。老板和员工之间只能同享福，不能共患难。”

创业为什么难？就是因为缺少能一起冲锋陷阵的人，大多数员工都期望坐享其成。但也有少数员工忠心耿耿陪老板一起创业，不怕吃苦受累，终于把公司做大做强。这个时候，面对老板的春风得意，功勋员工的心理就会不平衡了。对于功勋员工的心理变化，老板们当然察觉得到。一般来说，功勋员工的下场无外乎三种：继续做企业的奴仆，另立山头，或者被取而代之。

《黄石公兵法》中有一项“推恩施惠”的主张很值得现代人参考。推恩施惠即有功劳的时候要懂得将功劳向上推，有利益的时候要懂得将实惠分给下面的人。

如果你能够做到推恩施惠，相信不仅可以避开功高盖主的定时炸弹，而且能够成为一名卓越的领军人物，因为你抓住了为人处世中最核心的部分。可以说，这是千百年来秘而不宣的潜规则之一。

有很多聪明人不明白这一点，最后稀里糊涂地掉了脑袋。也有很多看起来很傻的人，因为明白了这一点，从而在人生中游刃有余，最终成就了自己的事业和一世美名！

◆ 伸出的拳头只能被人打，收回来的拳头才能打人

即使再聪明灵巧，也要显得笨一点儿；

即使再清楚明白，也要显得糊涂一点儿；

即使人格再高洁，也要显得世俗一点儿；

即使再有能力也不激进，宁可以退为进儿。

这才是立身处世的救命法宝，明哲保身的狡兔三窟。

读《菜根谭》的时候看到这样一段话，我个人非常喜欢，于是记录了下来。当然，这里已经翻译成了白话文。道理正是如此，一个人如果只知道显露，不知道隐藏，迟早会遭遇悲惨的下场。这样的事情在现实中屡见不鲜。

记得我的大学同学 H 君，当年刚毕业时，雄心勃勃地想做一番大事。皇天不负有心人，他最终被一家公司录用。到这家单位仅半个月，H 君就洋洋洒洒地给领导写了一封意见书，大谈公司内部问题，上自领导的工作作风，下到员工的薪酬福利，将现有的弊病全部列举，并且还提出了详细的改革建议。

H 君的意见都很正确，但是结果怎么样呢？领导感到很难堪，虽然口头表扬他“精神可嘉”，却没半点儿采纳他的建议的意思，而且没过多久就找借口辞退了他。之后，H 君又换了不少单位，但都没办法长久干下去。

该装傻时装傻，该聪明时绝不含糊，这才是智者处世的原则。凡是真正聪明的人情老手，大都懂得藏巧于拙、以屈为伸的道理。他们不管说什么话、办什么事，都会给自己留有余地，同时韬光养晦，积累爆发的能量。想想看，你在生活中是不是遇到过这样的智者呢？他们平时看起来不怎么显眼，好像什么本事都没有，但关键时刻总能一鸣惊人，让众人刮目相看。

老子在《道德经》中说："大智若愚，大巧若拙，大音希声，大象无形。"大智若愚，即智慧的人表面上看好像愚笨，实则大智在其内心。这并不是让我们去当傻瓜，而是告诉我们要懂得隐藏自己，冷眼观物，默默努力。不要咄咄逼人、聪明外露，这并不是让你变成藏头缩尾的"胆小鬼"，而是为人处世要分清主次，懂得方法和技巧，时刻知道自己该做什么、不该做什么，具有与时俱进的敏锐和灵活。如果在任何时候都是一块木头疙瘩，那就真的变成傻蛋了！

拳头，只有在收回来打人时才能打得疼！

年轻人往往不懂得这一智慧，总是喜欢用愤青的思维去做人做事，一相情愿地将个人的意志强加于别人，这实在是一种愚蠢的自我主义。如果一个人不明白藏巧于拙、以屈为伸的道理，就必然会急于求成，不讲究策略与方式，这样必将限制其才华的发挥，影响一生的前途和命运！

不仅中国如此，美国社会也同样如此。一位美国朋友给我讲过这样一个案例——赫蒙是美国著名的矿冶工程师，毕业于美国的耶鲁大学，又在德国的佛莱堡大学拿到了硕士学位。可是当赫蒙带齐了所有的文凭去找美国西部的大矿主赫斯特的时候，却遇到了麻烦。

那位大矿主是个脾气古怪又很固执的人，他自己没有文凭，所以就不相信有文凭的人，更不喜欢那些文质彬彬又专爱讲理论的工程师。当赫蒙前去应聘递上文凭时，满以为老板会乐不可支，没想到赫斯特很不礼貌地对赫蒙说："我之所以不想用你就是因为你曾经

是德国佛莱堡大学的硕士，你的脑子里装满了一大堆没有用的理论，我可不需要什么文绉绉的工程师。”

聪明的赫蒙听了不但没有生气，反而心平气和地回答说：“假如你答应不告诉我父亲的话，我要告诉你一个秘密。”赫斯特表示同意。于是赫蒙对赫斯特小声说：“其实我在德国的佛莱堡并没有学到什么，那三年就好像是稀里糊涂地混过来一样。”想不到赫斯特听后笑嘻嘻地说：“好，那明天你就来上班吧！”

以屈为伸方为真英雄！才华在没有兑现之前是一文不值的粪土。所以我们一定要让自己变得智慧起来，懂得隐藏自己的拳头，在关键时刻才能猛力打人！要知道，我们这一生要做许多事，不可能每件事都劳心费神、张扬冒进，我们应该轻舟漂水、进退自如。

在现实中，我们经常看到这样一种景象——很多人四处折腾、喊来喊去，生怕别人不知道他很聪明，他很忙，他在做事情……结果到头来没见他做成一件大事，还是慷慨激昂却一无所有的老样子。岁月一天天地流逝，别人都变得越来越富有，他依旧朋友很少、收入很低，有一大堆理想等着实现。即使这样，他还在到处宣扬着自己的某个计划，恨不得让全世界都听见。

在这个世界上，拼命穷忙而不得要领的人比比皆是。很多人之所以一辈子都碌碌无为，是因为活了一辈子都没有弄清楚该怎样去做人做事。一个人不管有多聪慧、多能干，背景条件有多好，如果不理解如何去做人做事，那么最终的结局就是失败。他并不缺少才华，更不缺少勤奋，但每天的工作仍然毫无效果——因为不懂做人做事的基本方法，付出很多却得到很少。而那些在转眼间就能飞黄腾达的人，总能以最少的投入获取最大的成功——这是因为他们掌握了四两拨千斤改变命运的神奇手段！

所以，迈向成功的第一步不是释放自己的能量，而是以屈为伸，隐藏自己的才华。我们当然需要表现自己的聪明才智，但在表现之前最好把它包装一下，做到进退自如，给自己留有余地！切记，收回来的拳头才能打人，伸出去的拳头只能被人打！

第二章　混社会一定要懂的人脉真相

混社会要靠人脉，但人脉的真相是什么？人性的通病是什么？难道真是世风日下、道德沦丧吗？

事实上，每个人都喜欢攀龙附凤，即使是世界上你最爱或最爱你的人，也无一例外！春风得意时，人人都想跟你交朋友；落难时，昔日好友呼啦啦跑掉大半，一下子就跟你划清了界限！

◆ 攀龙附凤是人的天性

你知道人性的通病是什么吗？

相信很多人都会说是贪财好色，事实上这并不是最通行的天性。

真正的通病是——穷困潦倒时投靠别人，吃饱了就远走高飞；对富贵的人巴结，对贫穷的人鄙弃。这是每个人都有的通病！

当你春风得意之时，人人都想跟你交朋友，在众人眼中，你的缺点也很可爱；当你落难遇险之时，昔日的亲朋好友呼啦啦跑掉大半，一下子跟你彻底划清界限，即使优点也变得一文不值。这时你才发现，在风光时巴结你的几乎全是唯利是图的小人，困难时留在你身边的才是真正拿你当朋友的人！

记得以前看过一本社会小说，书名我忘记了，里面有这样一句感慨：穷人没有亲戚。联系现实生活想一想，不就是这样嘛！“亲戚”这个词就是专用于富人的。古人传下来的一句话同样是一针见血：“穷在闹市无人问，富在深山有远亲。”这句话貌似很俗，其实深刻入骨，说透了千年的时代通病。

难道只有中国才是如此吗？

错！

美国、欧洲、日本及东南亚等凡是人类聚集的地方，莫不如是！

难道只是当代人才如此吗？

错！

这种现象自古有之！

让我们一起看看明朝社会，那时候的世态是多么炎凉！

明代富商沈万三，原籍吴兴南浔镇。小时候他家里特别穷，连一件完整的衣服都穿不起，全身上下都是补丁，走起路来不是后面露屁股，就是鞋子前面露脚趾。街上讨饭卖唱的都不搭理他，在他面前都感觉特有尊严，用嘲笑的口吻叫他“光屁股”。

有一次，他实在饿极了，看见镇上一个店老板的儿子正坐在店门外吃甜糕，就笑呵呵地问：“兄弟，能不能给我吃两口，我实在饿坏了，将来我一定会加倍还给你！”店老板的儿子斜了他一眼，说了一个字：“滚！”然后放狗咬他。沈万三被追得满街跑，在人们的哄笑声中飞快地逃走了。

后来，沈万三在外打拼，混出了名堂。他是中国明代的大富豪，富可敌国，连皇帝都知道他的名字。他出资帮助朱元璋营建首都南京，而且还建了明城墙正阳门、三山门、通济门和聚宝门等处。当年那些不理他的人都想跟他攀上关系，他家宅子的大门都快被挤破了。人们不惜重金贿赂看大门的家丁，都希望能见他一面。

可沈万三是怎样做的呢？他在街上摆了上百桌酒席宴请当年和自己一样贫苦的乡亲，让大家都来吃个饱。一贫如洗、没米下锅的人，吃完饭还能分到五斤粮食加二十文钱。这时众人都竖起大拇指，夸赞他是全天下最有魅力的好心人！

看过沈万三的经历，请不要骂、不要怒，用一颗宽容的心平和地看待。要知道，人类社会就是这么回事，如果你成功了，一定会有人来巴结你、讨好你；你可千万别失败，一旦失败别人就一定会像避瘟疫一样避开你。

每个人都喜欢接近成功的人、走运的人，而避开失败的人、倒霉的人。即使是世界上你最爱或最爱你的人，也无一例外！

这是世之通病、人之常情，符合人性趋利避害的特点。从古到今，人人都喜欢跟有钱人交往，不愿跟穷人做朋友，因为前者有便宜可占，后者没油水可捞。《菜根谭》中说：“炎凉之态，富贵更甚于贫贱；妒忌之心，骨肉尤狠于外人。此处若不当以冷肠，御以平气，鲜不日坐烦恼障中矣。”人情的冷暖、世态的炎凉，富贵之家比贫苦人家更显得明显；忌妒猜疑的心理，在至亲骨肉之间比外人表现得更为厉害。在这种情况下，如果不能用冷静的心态来看待，就会天天处在烦恼的困境中了。

从全新角度来看，其实嫌贫爱富的人性推动着社会发展。如果人人都喜欢穷、崇尚落后，那么还有谁愿意从事体力劳动？还有谁愿意进行脑力创造？哪儿来的吃的、穿的、用的和住的？哪儿来的新生活？这样，社会就会停滞不前，甚至倒退！

穷人大都喜欢说“人穷志不穷”这句话。他们认为只有贫穷才能使人更虔诚，信仰只有在贫穷那里才有最完美的表现，这种想法是错误的。害怕有钱就变坏而不敢去挣钱，这是无能的表现，当你没钱时，可以骂金钱是粪土；当你急需用钱时，才发现自己是粪土。如果因为害怕老鼠就说不能打老鼠，那是胆小、懦弱的表现。

在人类攀龙附凤的本性下，是否还有真正不掺杂任何功利的朋友存在？答案无疑是肯定的！时间能考验人与人之间的真情，正所谓“路遥知马力，日久见人心”。当你失去往日的财富权势，突然从高位跌到低处时，你们之间的友情还在不在？还真不真？是不是因为你对他没有任何利用价值，他就不理你了？这时候，你就能准确地判断出谁是废铜烂铁，谁是你人生中真正的钻石！

对于人的本性，我们没什么可抱怨的。凡是现实的都是合理的，更何况是这种千年不变的人性呢？在市场经济条件下，人和人之间的关系是服务与被服务的关系，不是好人与坏人的关系，我们不应为此愤慨和不平。在现实中，我们除了要挑选真正的钻石级朋友外，更应该全心拼搏，奋力改变自己的命运！

◆ 一个资源多的人喜欢与另一个资源同样多的人进行交换

幼儿园里，发生了这样的一幕：

小米家里很有钱，所以在小玩伴中，他的玩具是最多的。然而，大家一块儿玩的时候，他是最不开心的。我很好奇地问："你有那么多玩具，为什么还不开心呢？"小米说："正因为我的玩具最多，所以常常有人来抢我的玩具，可是他们没有什么玩具给我玩。"我继续问道："在小伙伴中，你觉得谁是你真正的朋友呢？"小米回答："只有一个，他叫小云。""为什么跟他关系最好？""只有他从来都不抢我的玩具，每次都是跟我交换。"

从幼儿园开始，我们就有一套自己选择朋友的原则了——都想跟比我们玩具多的人交往。换个说法就是"攀龙附凤"。我们攀的是什么龙，附的又是什么凤呢？说白了，是那些资源较多的人。

而那些资源多的人又是怎么想的呢？好了，现在让我们回到开头的小故事。一个玩具多的小孩会把一个玩具数量跟他差不多，并且经常跟他交换玩具的小孩当做真正的朋友。我们成人世界又何尝不是如此？资源多的人更愿意跟那些资源同样多的人交朋友。那些资源少、常常依附于他的人让他心里不舒服——就像幼儿园小米说的那样“他们常来抢我的玩具”，世界上又有谁喜欢自己的东西被“抢”走呢？

所以，在你开始盘点自己的人脉关系之前，请先冷静地问问自己：我对别人有利用价值吗？

每个人都期望找到有利用价值的朋友。你手里的资源越丰富，身上可供人利用的地方越多，证明你越具有价值；而你越有价值，就越容易建立广阔的人脉关系。从某种程度上说，这就是人脉的真相。

难道只有中国才是人际关系社会吗？事实上并非如此，我认为美国也不例外！甚至可以说，美国是一个比中国更擅长“互相利用”的社会。

为什么这么说呢？很多读者不服气，认为我在故弄玄虚。下面就让我们一起看看盖茨和保罗·艾伦“互相利用”的案例。

曾经有人认为，美国人保罗·艾伦是“一不留神就成了亿万富翁”。其实这是一种误解，真正的原因是他年轻时就与盖茨在一起，他们志趣相投，一起干事业。当初，他们将一家名为微软的计算机软件开发公司在波士顿注册，总经理是比尔·盖茨，副总经理就是保罗·艾伦，这就奠定了他的未来。

现在微软公司已成为世界上的一个巨无霸，总经理已成为人所共知的世界最富有的人之一。副总经理在总经理的巨大光环下，虽然略显暗淡，但在《福布斯》富豪榜上也名列前五位，个人资产达210亿美元。也许，在世人眼里，保罗·艾伦是被盖茨利用了，但是如果没有这种利用，他就未必能像今天这样富有。

“利用”这个词听起来好像让人很不舒服。在这里我们需要脱离其表层意思来理解，比如我们在公司工作，其实也是一种利用关系。因为我们身上有可利用的价值，像知识、技术、聪明的头脑、有力的双手等，于是就可以通过出卖自身的资源获得劳动报酬。这便是一种交换关系，也是一种利用关系。这种交换也是一种公平交换，你具备的资源越多，获得的报酬也就越高。

在一个主题为“创造财富”的论坛上，有一个人说：“请大家写下和你相处时间最多的六个人，也是与你关系最亲密的六个朋友，然后记下他们每个人的月收入，从他们的收入我就能知道你的收入。为什么？因为你的收入就是这六个人月收入的平均数！”

大家都说他这是在胡言乱语，怎么可能呢？但经过测验，基本上验证了这一说法。这实在让人觉得不可思议，最后这个人总结说：“一个人的财富在很大程度上由与他关系最亲密的朋友决定。”

为什么会这样呢？其实很容易理解，正是因为世人都偏爱公平交换，你交往的人资源都比较一般，所以你们之间互惠互利的资源十分有限。通过互利交换后，你们总的收入大体上也就看起来相差无几了。这就是人际交往中的隐形法则——我们看不见它，但是它无时无刻不在起着作用。

犹太经典《塔木德》中说："和狼生活在一起，你只能学会嗥叫。和那些优秀的人接触，你就会受到良好的影响，耳濡目染、潜移默化，渐渐成为一名优秀的人。"这句话的确是人类社会的"金科玉律"，所以，如果有可能，我们要与那些资源多的人、优秀的人交往，这样我们可以学到更多的东西。

然而，这只是一种一相情愿的理想模式。社会上只有少数人是资源多的人，大部分都是资源一般的人。这个时候，资源多的人对那些蜂拥而来的"朋友"就会有不同的态度。如果前来交往的人拥有同样多的资源，他会满心欢喜、引为知己；如果前来拜会的人资源太过一般，那么他就会不屑一顾，表现得十分不乐意。

这个道理很容易理解，并不是你主动去跟优秀的人交往，别人就会接受你。假设你几乎认识世界上所有的重要人物，如比尔·盖茨、马云、张艺谋等，这个时候你的人脉够牛吧？如果这个时候你的身份只是一个乞丐，你想会出现什么情况呢？这就是说，虽然你认识这么多一流人物，但他们根本不理睬你，你每天过的仍旧是穷困潦倒的三流生活。

这就是现实的残酷之处——没有任何一个总经理级别的人会热情地和一个乞丐称兄道弟。即使有的话，也一定是一个思维有些另类的怪人。换句话说，你认识优秀的成功"牛人"容易，但要利用人家手里的资源可就难了。一个资源多的人喜欢与另一个资源数量、质量与其对等的人进行交换。唯有在这种情况下，才能实现公平交易。如果我们的资源不够多、不够好，充其量就是一个“索取方”，完全成为对方的负担。如果你想与那些资源多的人交往，并且希望跟他们之间的友谊稳定持久，那么请先积累自己的资源。当你拥有的资源与他们大致对等时，他们就会非常乐意跟你打交道。

请牢牢记住这一点吧！别总是妄想一个资源多的人会无偿为你服务，只有当你的资源与之相当时，他才会真正把你当做朋友！

◆ 不要瞧不起看起来很俗的人，他们或许是最不俗的人

我曾在网络论坛里看到这样一句话：“永远不要瞧不起那些现在看起来很俗的人，若干年后他们或许就是最不俗的人！”

现在的你或许处于一个优越的位置，很多人都不如你，他们在你眼中是那样的俗不可耐、平庸至极！但请你收敛起清高孤傲的心，因为若干年后你或许会发现一切都改变了，那些看起来很“俗”的人个个都成了大人物，而你自己很可能还在原地踏步。这绝对会是心理上的一种刺激。

我们一定要明白：大鱼大肉并非真正的美味，真正的美味只是粗茶淡饭；超凡脱俗的人算不上世间真正的聪明人，真正的聪明人可能就是那些看起来很俗的人。

可惜无论在现代还是古代，很多人都不明白这个道理。在古代，那些隐居山林的智者大都具有经天纬地之才，并且大都有怪癖，其中之一就是清高孤傲、曲高和寡，只和自己相知的人来往，对其他人都不屑一顾。《三国演义》中，刘备三顾茅庐才和有“卧龙”之称的诸葛亮见上一面，古人的清高孤傲在这里就表现得十分明显了。另外，著名诗人陶渊明曾用菊花表现自己的清高孤傲，这是因为他隐居深山，不愿意和官宦同流合污。

不过，到了现代，智者的清高孤傲早被打击得七零八落了。因为在当今社会，想找几个有能力甚至在某方面是天才的人根本不费什么事。当大家都是能人的时候，就不要奢求自己还能清高孤傲得起来了，才华横溢而又年轻帅气的成功人士大有人在。所以，如果你是一个才华横溢的人，就不要以自己那点儿微不足道的“本钱”清高孤傲了，因为这可能正是你失败的原因。

从小学到大学，陈佳一直都是别人羡慕的对象。他不仅长得英俊，而且成绩好，并且在文艺、体育上也能捧回几个大奖来。毕业后，陈佳应聘到一家跨国企业做总经理助理。第一天工作时，陈佳发现，原来经理助理并不只是他一个人，还有另外一个同事，从总经理的介绍来看，这个人绝不逊色于自己，一向十分自信的陈佳感到了前所未有的压力。虽然对方总是笑眯眯地和自己说话，但陈佳总会感到一丝寒意。尽管总经理有两个助理，但是并不意味着陈佳的工作就会轻松许多。承受着同事带来的压力，陈佳开始了自己的职业生涯。

一次会议结束后，总经理对两个助理说："最近和外商有一个谈判，你们当中有个人要和我一起去，但是我现在还不能决定谁可以胜任，所以现在进行一个小型的资格考核。题目是：在一周内了解这几个人的性格和家庭情况。我会把你们安排在两个不同的部门，前提是你们不能'泄密'自己是总经理助理，并且不能向你已经了解的人打听你想知道的人。"很快，陈佳被安排到市场部，而另外一个助理被安排到财务部。一向自信的陈佳被这个题目难倒了，因为他始终找不到一个叫林云的人，更无法去了解他。一周的考核时间很快就结束了，总经理看完两个人的调查结果，吃惊地问陈佳："你怎么没有找到林云？"陈佳一时无语。"他就是我们公司门口的保安，我记得他还带着你的朋友去市场部找过你。这次考核的主要目的是考查你们的交际能力和信息总结的能力，所以这次你落选了。"陈佳十分懊恼。

为什么陈佳没有找到这个叫林云的人？因为他根本没有料到一个公司的保安竟然和公司许多经理级人士一起排列在名单上，而没有想到的根本原因，就是陈佳骨子里存在的那点儿不合时宜的"孤高自傲"。陈佳开始审视自己的性格，他打电话问朋友们，自己到底是什么样的人？得到的结果几乎一致：有点儿清高。这时，陈佳才意识到问题的严重性，开始尝试让自己"俗"起来，于是他发现原来自己的眼界是多么狭隘！

没有谁比谁高雅多少，每个人都是俗人，生活在滚滚红尘中，即使是神仙下凡也注定无法躲开世俗的追击。说到底，我们都是常人，即使身居高位，即使拥有万贯家财，即使声名远播，即使众人仰慕……我们都应该记住：自己本来就是一个世俗之人，没什么了不起。

世界上几乎所有具备完美人格和高尚品德的人都是在不动声色中实现着自己的理想。一代思想大师孟子拥有无穷的智慧，尽管如此，他依旧平凡，看起来跟一个老农没什么区别。一次，齐国的一个人与孟子相遇，问孟子："国王总打发人去探视先生，想必您一定有什么与别人不同的地方吧？"孟子回答说："我能有什么与别人不同的地方呢？即使尧舜禹也同一般人一样啊！"

每个人都大同小异，我们没必要把自己搞得过于鹤立鸡群、清高孤傲，这样做的后果只有被世人孤立，从而无人与你交朋友，变成孤家寡人。《菜根谭》中有这样的话："士君子之涉世，于人不可轻为喜怒，喜怒轻，则心腹肝胆皆为人所窥；于物不可重为爱憎，爱憎重，则意气精神悉为物所制。"意思就是说：我们要让自己表现得与一个常人无异，哪怕你身怀绝技以及兴趣爱好都很突出，也要做出一副混混沌沌的俗人模样，这才是悟透世间三昧的聪明人！

从今天开始，千万不要因自己的那点儿优点而对人"另眼相待"，否则只能让你成为一个自负的孤独者，被排斥在众人之外。长此以往，你的人脉就会被自己束缚，出现沟通障碍，所经营的事业自然也就进展缓慢。因此，你一定要清醒地认识到：我跟别人一样，别人跟我一样，圣人和我也没什么不同。一个人只有在平凡中保持纯真的本性，才能进而显出英雄本色。

◆ 宁得罪十个君子，不得罪一个小人

在这个世界上，庸碌小人并没有什么真才实学，却凭着能把咸鱼说得游水、让死人开口说话的本领，从而春风得意、前途无量。中国有句古话："学做事必须先学做人"。自古以来，会做事的终究不如会做人的，四处碰壁、历尽坎坷的必定是不懂人情世故的君子；飞黄腾达的则多是左右逢源的人情老手。

我参加工作以后，爸爸经常在电话里告诫我不要得罪小人。明枪易躲，暗箭难防。不得罪小人，不要让小人抓住把柄，才不会在阴沟里翻船。经历过因为戒备小人而寝食难安的人太多，于是古人传下来一句话以告诫后人："宁得罪君子，不得罪小人。"有些人在这句话上添油加醋又成了另一句话："宁得罪十个君子，不得罪一个小人。"可见说这些话的古人吃过小人的苦头，所以他们才说得罪不起。

为什么"宁得罪十个君子，不得罪一个小人"呢？这是因为君子会反思自己，不和你计较；小人却会长久地记恨你，绝不会饶了你。君子一言不合拍案而起，小人却善于背后报复。得罪了君子，我们还知道因何得罪，如何补救；得罪了小人，却让我们如坠五里雾中，哪天遭害了也想不起是谁。得罪了君子，反倒结识了一位朋

友，君子只认理、不记仇，事情过了便云淡风轻；得罪了一个小人便多了一个敌人，从此一刻也不得安宁。

与君子相遇，足够幸运。君子的谦恭、忍让使得罪君子变得很困难，因为他通常对你的所作所为一笑置之，甚至会给你真诚的意见和建议。如果与小人相撞，就非常不幸了。他们造谣生事，挑拨离间，有仇必报，拍马奉承，落井下石，往往戴着伪善的面具。他们是善于制造陷阱的工厂，在一举手、一投足间就能让你寝食难安。

然而我们最需要警惕的倒还不是小人，而是伪君子。为什么这么说呢？这是因为伪君子往往隐藏得最深，他们要么沉默寡言，以胸有城府的形象出现；要么就是假装热情、真诚，好像跟你是世界上最好的朋友，为了你可以两肋插刀、万死不辞。殊不知，这正是他们欺骗你的手段。我们一定要保持警惕，千万别被人卖了还帮着数钱！

《笑傲江湖》中伪君子岳不群的形象一定让你印象深刻。岳不群行走江湖二十多年，处处行为周正、为人坦荡，博得了“君子剑”的美誉。随着剧情的发展，他伪君子的一面逐渐暴露出来：打着救人危难的旗号将林平之收为门徒，默认甚至促成女儿与林平之的婚姻，目的是为了得到《辟邪剑谱》，最后竟置女儿的终身幸福于不顾，将林平之置于死地；对结发之妻巧言令色、百般蒙蔽，可谓费尽心机。到后来，“君子剑”的形象轰然倒塌，露出了伪君子的嘴脸。

像岳不群这样的虚伪之人，却时时装出一副正人君子的模样，他们的内心世界和外在表现有着巨大的反差，甚至矛盾。从某种程度上讲，伪君子比真小人更高一级。真小人是低档的无赖，伪君子则是高档的小人。跟这样的人打交道，还不如跟那些痛改前非的真小人做朋友。

我有朋友在饭局上发表过这样的言论："如果伪装成一个善良的君子，和恣意作恶的小人就没什么区别；君子如果改变自己好的操守志向，还不如小人痛改前非。"关于这一观点，我深以为然，因为在现实社会中，伪君子比真小人的破坏力更大，简直就是一把杀人不见血的刀。

有个老乡给我谈起他的公司的事，虽然是一桩小事，我却听得毛骨悚然。这让我在为人处世时，开始注意防备伪君子了。

老乡跟我谈的事如下：

刘志浩是老乡公司的策划总监。有一次，他在上司那里受了莫名其妙的批评，心里觉得冤屈，就跟自己的同事黄春明倒起了苦水。黄春明善解人意，一边对他的遭遇表示理解，一边痛陈这位上司的斑斑劣迹，说得刘志浩心里暖洋洋的，于是两人热乎得就像一对亲兄弟。

几天后，刘志浩刚进公司就被上司叫去，宣布免去他策划总监的职务，改由黄春明担任。刘志浩实在接受不了这样的决定，就懊恼地离职了。后来他才知道，原来黄春明在背后偷偷告了他一状，把他们那天的谈话添油加醋地告诉了上司。这位上司恰巧喜欢偏听偏信，于是就决定让黄春明取代他在公司的位置，这个位置黄春明眼红很久了。在名利与心机面前，友情竟是如此不堪一击！

黄春明是一个标准的伪君子，表面上跟人打得火热，好像可以“抛头颅，洒热血”，但突然就会在你背后捅一刀，让你死得非常难看。这说明伪君子比真小人更可怕。真小人容易分辨，他们或不讲道理，或刁钻泼辣、蛮横粗暴，赤裸裸地卑鄙无耻，让我们未见其人，先闻其味，有足够的时间事先提防。而伪君子就不同了，他们戴着正派的面具，说话做事挺有“道理”，让你难辨真假，极容易上当受骗。

在交朋友的时候，我们要对以下几种人提高警惕，千万不可掉以轻心。

一、阴险的人

阴险的人没有明显的标志，一般情况下，短时间内不容易辨别，但随着时间的推移，终究会露出蛛丝马迹。阴险之人的表现大体有以下几个特点：

喜欢造谣生事。他们把造谣生事当成家常便饭一样，乐此不疲。为了达到自己的目的不惜诽谤别人，诋毁别人的名誉。

喜欢挑拨离间。他们为了达到谋取个人利益的目的，通常会使用离间的手段挑拨朋友之间的感情，好从中坐收渔翁之利。

擅长拍马奉承。这种人嘴甜如蜜，善于恭维别人，拍马屁，无中生有说别人的坏话。

具有势利眼病。他们对有权有势的人关怀备至，一旦有一天他们发现自己所依附的靠山调离此处或出现问题轰然倒塌，就会落井下石，迅速抛弃对方，另寻高枝。

二、吹牛的人

社会上有不少虚荣心强的人喜欢吹牛，妄图通过吹牛来抬高自己。吹牛的人是虚伪的，因为吹牛等同于谎言，而谎言很容易被人戳破。如今的社会，弄虚作假是长久不了的，最终还是需要有真本领。

面对吹牛的人，你如果不得不和他打交道，那就赞同他，并且表示出对他的欣赏。比如在他的朋友面前称赞他，可以当着他的面说，也可以趁他不在时说；或者少说话，就静静听着，适时地点头应声。如果并不是非要和他交往，那么就尽量少接触吧！

三、忌妒心强的人

在生活中，那些对别人的荣耀和成功过于在乎的人都可能会产生忌妒心理，在忌妒心理的驱使下犯下滔天大罪都有可能。忠告那些忌妒心强的人——“临渊羡鱼，不如退而结网”，只有摆正心态，勇于奋斗，你才能拥有属于自己的荣誉和成功！

四、不孝的人

俗语说：“百善孝为先。”如果一个人连父母都不爱，那他对待朋友的态度一定也不会好到哪儿去。尽管现代社会人们的生活压力越来越大，市场意识越来越强，但是父母亲情总不能用金钱来衡量吧！

对那些不孝而不知耻的人，要记住“不孝父母，不堪为友”的说法。因为连自己父母都不孝顺的人，你别指望他会对朋友付出真情，即使目前对你不错，那也是因为有他的利益所在，迟早有一天会让你悔恨今日之交！

◆ 水至清则无鱼，人至察则无徒

你是一个有洁癖的人吗？

对我而言，最不愿意同那些有洁癖的人共事来往。

记得我上高中住校时，一间宿舍有八位同学同住。其中有一位G同学来自城市，我们床头相邻。一天，我洗手找不到我的香皂，于是就用了下G同学的。他恰好看到，竟厉声呵斥，且嫌脏似的把我用过的香皂扔掉了。事后，我买了一块新的香皂赔给他，但我们之间的关系也差不多闹僵了。

不仅是我，很多人都讨厌G同学。可悲的是，他本人始终不清楚这一点，自己并没什么突出才能却对别人不屑一顾，十分孤傲。

说到这里，我想起一位在部队担任团政委的朋友曾说过的话："污物之地往往滋生众多生物，极为清澈的水中反而没有鱼儿生长。真正有德行的君子应有容人的度量，绝不能自命清高、孤芳自赏。"

经过多年的社会打拼，我对这句话深有感触，一个人只有做到和光同尘，才能受到众人的接纳和欢迎。其实，《汉书》中也有句类似的话："水至清则无鱼，人至察则无徒。"意思就是说，河水太清

澈了，鱼儿就没法生存；一个人太苛刻了，就很难交到朋友，没人敢跟他打交道。凡事都有利弊，从一方面来说，水清本来是件好事，因为混浊的水会让鱼窒息；但水太清了就不一定是好事。这需要从生态学的角度来分析：大鱼需要吃小鱼，小鱼需要吃更小的水生物，最小的水生物需要吃水藻；而水藻类的微生物存在是不会让水非常清的。也就是说，如果水非常清了，就没有水藻，而作为上一级食物链的鱼也就没有食物吃了，没有食物自然也就无法生存了。

在这个世界上，谁又能保证自己不犯一点儿错呢？人与人之间总会有看法和思想的区别，对方不可能跟你的行为举止一模一样。毕竟，谁也不是谁肚子里的蛔虫。我们不能抱着自己那套标准严苛地去要求他人，总得容忍一些不符合自己价值观的事物。

再说，有很多时候，自己的那套标准未必就是正确的。你看到的并不是真相，很可能只是自己迷惑了自己而已。在关键时刻，你的苛求甚至会毁掉你的成功机会和辉煌前途。

这种情况在现实中是常有的事。每个人都可能遇到别人的苛求，苹果创始人乔布斯曾因穿戴过于随意而被人忽视冷落。幸运的是，总有不苛求的真正伯乐发现了他。

我们知道，乔布斯和沃兹是“苹果Ⅱ”微电脑的开发者，他们的一个重要的合作者是马克库拉。其实，最初光顾乔布斯和沃兹两个年轻人的并不是马克库拉，而是乔布斯的老板介绍来的一个名叫唐·瓦尔丁的人。

当唐·瓦尔丁来到乔布斯的家中，看见乔布斯穿着牛仔裤，散着鞋带，留着披肩长发，蓄着大胡子，不管怎么看都不像是一位企业家。于是，唐·瓦尔丁觉得这两个家伙不靠谱，就把这两个奇怪的年轻人介绍给了另一位风险投资家马克库拉先生。

马克库拉原来是英特尔公司的市场部经理，对微电脑十分精通。他并没有被乔布斯和沃兹的样子“吓坏”，而是先考察了乔布斯和沃滋的“苹果Ⅱ”样机。最后，马克库拉问起了关于“苹果Ⅱ”电脑的商业计划。而乔布斯和沃兹只精通技术，对商业买卖一窍不通，所以两人面对马克库拉的提问，一下子面面相觑，说不出话来。马克库拉并没有因此失望，而是决定和这两个年轻人合作，并出任董事长一职。

唐·瓦尔丁因为对乔布斯和沃兹的外表形象过于求全责备，而丧失了一个有可能是他一生中最重要的成功机会。而马克库拉与他相反，没有对乔布斯和沃兹求全责备，而是对他们进行了深入的接触了解，所以他成功了，抓住了人生中重要的机会。

在现实生活中，我们总会遇到各种各样的人，肯定有很多和我们不是同路人，无论志趣还是性格都与我们不合，甚至格格不入。但这都不要紧，要紧的是他对我们的事业发展是不是有用。这个时候，苛求完美不是一种正确的态度。

不要强迫别人一定要跟自己相同，须知“方便有多门，根基有多种”；更不必要求人人都顺从自己的意思，眼耳鼻舌各司其职才能成为健全的有用之人。有了铁路，再建一条公路，甚至再加高速公路，分工合作才能发挥更全面的功能。有人说：“我们每个人都是被上帝咬了一口的苹果，带有各种各样的残缺，都有这样或那样不如意的地方。”确实如此，你必须让自己接受这个事实。如果你过于追求完美，对人求全责备，那一定会严重影响你的人际关系，就会没有一个人敢跟你交朋友，你也将因此错过成功和幸福的机会。

前段时间，我读到这样一则禅学故事，希望对大家有所启发。

古代有位禅师，一日晚上在禅院里散步，突见看见墙边有一张椅子，他一看便知有位出家人违反寺规越墙出去溜达了。老禅师也不声张，走到墙边移开椅子，就地而蹲。过了一会儿，果真有一小和尚翻墙，黑暗中踩着老禅师的背脊跳进了院子。

当他双脚着地时才发觉刚才踏的不是椅子，而是自己的师父。小和尚顿时惊慌失措，张口结舌。但出乎小和尚意料的是，师父并没有厉声责备他，只是以平静的语调说：“夜深天凉，快去多穿一件衣服。”

我认为，这才是真正得道的高僧。富有包容心，深谙人性禅机。

一个人的心有多大，他的事业就有多大！

一个人的心能包容一个家庭，就能成为一家之主；能包容一个城市，就能成为一市之长；能包容一个国家，就能成为一国领袖。在现实世界中，几乎每个成功人士都有容人的雅量，从而交到各个层面的朋友。当他遇到麻烦时，到处都有人主动帮忙，从来不会陷入孤立无援的境地。

这则故事告诉我们：朋友的缺点，你要宽容；伴侣的缺陷，你要容忍；同事工作能力不足，你要有一颗激励之心。要知道，世间并无绝对的真理，没什么东西一定就是对，或者一定就是错。所谓对错只不过因为立场不同、角度不同，得出的观点有所区别罢了。我们眼中看到的缺点或不可理解的事情，站在对方的立场看很可能就是理所当然的。朋友对你说了谎，应先思量他是不是有什么为难之处。或许就能体谅他了。若是不加思考就把丑话说出口，朋友想必是做不成了，对你、对他都没好处。

芸芸众生，性格各异，你不可能喜欢每一个人，也无法让所有人喜欢上你。在现实生活中，很多人对自己不喜欢的人嗤之以鼻或敬而远之，这种做法其实是过于偏激的行为，势必对人际关系和事业发展造成不利的影响。

如果你想获得更多的朋友就不要过于苛求完美，以下几点需要注意：

1. 对朋友生活、工作中的习惯要给予尊重。每个人都有自己独特的作息方式、家庭背景，而在此基础上形成的习惯也不可能与你相同。所以，尊重别人的习惯应当是最起码的要求。

2. 不念人恶。就是说，不要对朋友过去所犯的错误耿耿于怀。朋友之间的矛盾总会随时间的流逝而减淡，抓住过去的恩怨不放是不明智的。忘记以前的不愉快，以后还会是朋友。

3. 不责人过。就是不要责难对方犯下的小错误。《菜根谭》中说："攻人之恶毋太严，要思其堪受。"这句古语告诫我们，攻击别人的错误不可太严厉，一定要考虑对方的承受能力，否则虽然泄了一时之愤，但也破坏了人际关系。

◆ 以责人之心责己，以恕己之心恕人

记得我上小学的时候，教室墙上挂着这样一幅字——严于律己，宽以待人。当时每天见它那样挂着，并没有去想这句话的深意。在以后的成长中，我发现这幅字就像神奇的法宝，运用得当会有意想不到的收获。

许多成功的"牛人"，在日常生活中大都恪守这一处世法则。

我认识一位企业总裁，他在总结自己的成功经验时说："在我看来，处世之道其实很简单，归根结底就是八个字：'严于律己，宽以待人。'如果能做到这一点，许多事情就会豁然开朗。"这位朋友所说的话包含着深刻的处世智慧——待人要宽，律己要严。

对于这一观点，《菜根谭》中说："人之过误宜恕，而在己则不可恕；己之困辱宜忍，而在人则不可忍。"意思是，一个人对于别人的过失和错误应该采取宽恕的态度，而如果错误在自己那就不能宽恕；对于自己遇到的困境和屈辱应当尽量忍受，如果困境和屈辱在别人身上，就不能袖手旁观或忍心不顾。

待人为什么要宽？为的是给人自新的机会。律己为何要严？

因为不严会放松自我约束，让小错误发展成大错误。这是一种规范的待人之道，也是为人处世最重要的原则。它的核心是强调自悟，对事物的标准要有一种超然的体悟，对是非的判断要有一个尽可能客观公正的把握。一个具备这种高贵品格的人，成功将是水到渠成。

无论你是想成就大业做一番轰轰烈烈的大事，还是明哲保身在机关或商战中逍遥地度过一生，都离不开正确的处世法则。懂得了这一点，就可以在复杂多变、暗箭不断的险恶环境中立于不败之地。

如果你翻翻历史，就能领悟到很多道理。想当年，明王朝建立，大将军徐达功不可没。他儿时与朱元璋一起放牛，长大后一起打仗，有勇有谋，深得朱元璋的喜爱。但就是这样一位战功赫赫的人，从不居功自傲，而是律己甚严。

徐达处处跟士兵同甘共苦。遇到军粮不济、士兵填不饱肚子的时候，他主动少饮少食，把口粮节省下来分给他们；大军还没扎好营寨的时候，他从不提前进帐休息，一定要等到大家都安顿好了，他才放下心来；士卒伤残有病，他亲自慰问，端药治疗；如遇上士兵牺牲，他会更加重视，筹集棺木安葬。所以，明军将士对他无不既感激又尊敬。

在生活方面，他也无声色酒财之好。史书记载说：“妇女无所爱，财宝无所取，中正无疵，昭明乎日月。”朱元璋曾经赐给他一块好地皮，正好位于农民的水路必经之地。家臣看到有这个好处，于是就用这块地皮谋取私利，向农民征收“过路费”。徐达知道后，马上将此地上缴官府。

朱元璋用严刑重刑杀了包括功臣在内的十多万人，徐达却得以善终。他病逝于南京后，朱元璋为之辍朝，悲恸不已，追封他为中山王，并将他的画像陈列于功臣庙第一位，称为“大明第一功臣”。能逃过朱元璋“诛杀功臣”的屠刀，不得不说，跟徐达严于律己、宽以待人的处世之道是分不开的。

在现实中，我们往往是怎样做的呢？如果你注意观察就会发现，许多人采取的方式恰好相反，他们把这句话颠倒了一下就变成了“严于待人，宽以律己”。对自己很宽松，什么都能做，做了坏事也从不感到羞愧，但对别人要求极严，犯一点儿错误就看在眼里、记在心上，有一点儿小事对不起自己就喋喋不休。

“以圣人望人，以常人自待。”用圣人的标准要求别人，却用常人的标准对待自己。像这样的人交不到几个朋友，做起事来也很难顺利地跟别人合作。因为他不懂得什么叫做“恕人”，只知道用最苛刻的标准去要求别人，用最宽松的标准对待自己，这是一种严重自私自利的表现。为什么不想想，你有什么资格这么要求别人？又有什么资格如此放任自己？

这样的人往往不能客观地看待问题。一旦境遇不顺就会抱怨别人对他不好，社会如何不公，受到一点儿委屈就会大呼小叫。社会上有不少这样的人，他们总认为自己怀才不遇，觉得全世界都是凶手，全都对不起他。他们永远不知道问题出在哪里，眼睛盯在别人身上，从来不会反思，到头来吃亏的肯定还是他自己——长此以往，将没有任何人喜欢他，即使是深爱他的人也终将离他而去。

如果一个人能对自己严格要求，凡事身体力行，那就没有过不去的坎儿、攻不克的难关。另一方面，当我们遇到别人陷入困境，而自己又可以伸手帮助的时候，切不可袖手旁观、做冷冰冰的无情路人。如果自己确实有能力就尽量伸手扶一把，没能力帮也应尽可能地分担一些他人精神上的痛苦。今天我们能感同身受给予别人最大的支持，明天当我们落难时，他人就会慷慨解囊，以同样的真情回报我们。

为人处世的要点就在这里，以责人之心责己就会减少很多过失，以恕己之心恕人就可以维护良好的人际关系。我们不应该总是抱怨别人，如果你总是抱怨别人，就请先想想自己又是怎么做的？不要只看见别人眼中的刺，而看不见自己眼中的横木。请将心比心，对别人多点儿理解与宽容之心！

◆ 记住别人的好，忘记别人的坏

在社会底层长大的孩子，一般有两种人生走向：一种孩子心理严重失衡，对世界和别人充满仇恨，长大后沦为罪犯报复社会；另一种则由于看尽世态炎凉，以超强的心理素质化解全部委屈。

他们或许没有上过几天学，但在社会上早把人情世故这本“无字天书”读得滚瓜烂熟。他们在社会大学的学历已经是博士后级别，像这样的人一旦出手亮剑，就意味着无往而不胜！

正因如此，他们才能够从一无所有到腰缠万贯，从穷困潦倒到飞黄腾达。

我曾听一位做建筑生意的朋友讲过这样一则故事：

有一个孤儿，由于意外，在五岁那年失去父母，生活非常悲苦。他先后被三户人家收养，最终又被三户人家抛弃。

第一户人家收养了他三年。到八岁时，这户人家因为有了自己的儿子就不再愿意养他，于是把他送给别人。当时他不肯走，被养父母打得浑身是伤，实在挨不过了，痛不过了，才断了回去的念头。

接下来，第二户人家收养了他，一直到他十三岁，共五年时光。十三岁那年是他痛苦的日子，因为养父母收养了亲戚家的儿子，他们认为毕竟有血缘关系，好过他这个外人。他哭着喊着叫爸爸妈妈，哀求着不肯离开。最终结果是他再次被赶走，在大街小巷流浪。

后来，他遇到第三户人家。他们只养了他一年就又将他赶出家门，理由竟然是没有多余的钱供他上学。

这个时候，他已经没有了眼泪，也不再哀求，因为习惯了被抛弃。如何生存？这是一个问题。他学会了在垃圾桶里捡剩饭，卖花给情侣，帮人擦皮鞋，以及帮人提行李，为商店发广告单，等等。

晚上困了他就睡在商店门口，清早被商店老板踢醒便继续谋生。

流浪了六年后，他加入了一个建筑队，从最底层的泥水工做起。他不仅工作踏实认真，而且将所赚的工资都花在培训课程上，还报考夜校，获得了自考文凭。22 岁那年，他进入一家不错的公司做推销员。靠着自己的努力，他的业绩是全公司最棒的，顺理成章地被提拔为营销部经理。再后来，他自己创业开了公司，生意蒸蒸日上。钱、车、房、美妻和可爱的一对儿女，他都拥有了。

可以说到了这种地步，他什么都不缺了，人生已经没有什么遗憾了。但事实并非如此，他感觉内心深处最缺的就是父母的亲情。这个时候，他专门购置了两百多平方米的房子，将曾经的三对养父母都接到城市里与他同住。他谦恭地喊他们爸爸妈妈，任何好吃、好玩的先给他们分享。

有一个人——曾经与他一起流浪过的朋友，如今是他的助理——看不下去了。助理说："你这样做真是疯了！你想想他们当年是怎么对你的，你竟然还为他们养老送终？曾经打骂你、虐待你、狠心抛弃你的事，难道你都忘光了吗？"

他说："是的，我都忘光了。我的苦难已经够多了，为什么还要记住苦难的事呢？我的心里只记得当年要是没有他们给我一口饭吃、给我睡觉的地方，我早就饿死冻死了，哪里会活到今天，更不用谈混到今天这个地步了！"

我不知道这个故事里的主人公是不是建筑朋友自己的真实经历，

由于只是一面之交，我没有机会核实确认。但这个故事让我明白，在每个人的生命中，首先应该牢记的不应该是仇恨，而应该是感恩。一个只是牢记仇恨的人就会仇恨社会，心理扭曲变态，沦为咱们开头谈的第一种人。这类人不需要社会的挫折来毁灭他，他自己就会把自己毁灭了。只有懂得感恩的人才会用积极的心态面对现实，努力打拼，从而回报曾经帮助过自己的恩人们，哪怕只是一丁点儿微不足道的赐予，他们都会牢记在心！

其实，我们只需认真观察一下人人称赞的伟大人物，就会发现他们总是习惯记住别人的好，忘记别人的坏，宽厚仁德，与这个世界达成了和解，不仅懂得如何操纵人与人之间交往的复杂游戏，更懂得宽恕和感恩的深刻含义！从某种意义上说，第二种人不仅是名副其实的成功者，更是一位智者！

一个人的境界高低决定了其成就的高低。如果只记住别人的坏而忘记别人的好，那么他必定是一个心胸狭窄的人。这样的人做什么事情都放不开，锱铢必较，必定一事无成！

记得我在上海工作期间，公司招过一名大学生帅哥，可谓相貌出众、一表人才。初次跟他见面的人都觉得这人很不错，但是相处久了，就会发现这是一个斤斤计较、心胸狭窄的人。在公司给同事帮了忙，哪怕只是举手之劳，也要把这个人情讨回来，非得找机会让同事帮他一次不可。谁要是不小心得罪了他，他就会长久地怀恨在心、伺机报复。有次在工作讨论会上，有位同事对他的方案提出反对意见，他便把对方视为仇敌，立即展开一场激烈的辩论。

他进入公司不到一年，上司就忍无可忍了，借机把他调到西部城市的分公司。临走的时候，没有一个人去为他送行。到了这种地步，他仍然没有意识到问题出在哪里，还给每个同事都发了电子邮件，感慨自己怀才不遇，痛陈上司的“八宗罪”。

你是否也有过同样的心理？凡是别人得罪自己的地方，总想找机会报复以取得心理平衡？凡是对方帮过自己的事却转眼就忘了，好像从来没有这回事儿？像忘恩负义、过河拆桥、恩将仇报等成语描述的就是这些人，我们千万不要让自己变成这样的人！

我有一位恩师这样教导我：“给别人的恩惠和帮助，不要挂在嘴上念念不忘；对不起别人的地方，我们一定要时时反省；别人对我们的帮助不能忘记，而对不住我们的地方需要有一颗体谅之心。”这等无上真诚的忠告，岂可不察？

在社会上混，我们总会遭到别人各种各样的对待，只要我们摆平心态，用正确的态度来面对，一切就会迎刃而解。

关于具体的态度问题，我曾读过一则哲理小品，希望能给你以启发。

阿里、吉伯和马沙一起旅行。三人行至一个山谷时，马沙失足滑落，幸而吉伯拼命拉他才将他救起。马沙就在附近的大石头上刻下了：“某年某月某日，吉伯救了马沙一命。”三人继续走了几天，来到一条河边。吉伯与马沙为了一件小事争吵起来，吉伯一气之下打了马沙一耳光，马沙就在沙滩上写下：“某年某月某日，吉伯打了马沙一耳光。”

当他们旅游归来，阿里好奇地问马沙为什么要把吉伯救他的事刻在石头上，而将吉伯打他的事写在沙滩上。马沙回答：“我永远都感激吉伯救我。至于他打我的事，随着沙滩上字迹的消失，我会忘得一干二净。”

事实正是如此，乐于忘记是一种维持心理平衡的办法。要知道，生气是用别人的过错来惩罚自己。老是念念不忘别人的“坏处”，最受其害的就是自己的心灵，搞得自己痛苦不堪，何必呢？这种人，轻则自我折磨，重则可能导致疯狂的报复。乐于忘记是成大事者的一个特征，既往不咎的人才能甩掉沉重的包袱，大踏步前进。乐于忘记也可理解为“不念旧恶”，人要有点儿“不念旧恶”的精神。况且在许多情况下，人们误以为“恶”的未必就真的是“恶”。退一步说，即使是“恶”，对方心存歉意，诚惶诚恐，你不念恶，以礼相待，进而对他格外亲近，也会使为“恶”者感念其诚，弃“恶”从善。

我认识一位做编剧的朋友，在一次喝酒时，他说：“我只记着别人对我的好处，忘记了别人对我的坏处。”因此这位朋友受到大家的欢迎，拥有很多至交。事实上就应该如此，别人给我们的帮助切不可忘，而别人有愧于我们的地方应该乐于忘记。

在日常生活中，凡是帮过你的人一定不要忘记，要懂得报恩。而如果你帮助过别人，就不要奢求回报了。如果你刻意要求回报，你先前的这份情感投资就成了注水的猪肉，你最终不会得到任何好处。别人得罪了你本是一件芝麻大的事，笑一笑就过去了，你却气愤难平，好像对方在故意刁难，这样就会使小火星烧成冲天大火。到那时，你的人际关系会糟糕得不可收拾，大家见了你就绕道，唯恐避之不及。等你遇见困难、摔了跟头的时候，谁还会帮你？

著名诗人萨迪说：“谁想在困厄中得到援助，就应在平日待人以宽。”记住别人对我们的恩惠，洗去我们对别人的怨恨，这样的人生才会快乐而有意义。

第三章　世界上到处都是“聪明”的傻子

当一个美丽的女人炫耀自己的美丽时，她就开始变得丑陋！当一个聪明人炫耀自己的聪明时，他就开始变得愚蠢！看看孔雀开屏就会明白——孔雀在开屏时，虽然绽放了光彩绚烂的羽毛，但同时也露出了最丑陋难看的屁股！

◆ 你是真聪明，还是假聪明

在这个世界上，我们到处可以看见自以为是的聪明人。他们无时无刻不在闪动着炯炯有神的眼睛，他们无时无刻不在精明地计算着什么。在他们面前，有时候你会感到自己为什么这样笨？最终你会有个疑问：这些貌似聪明的人难道真的很聪明吗？而那些貌似很笨的人是否真的很笨？

真聪明和假聪明混杂在一起，让人不知道究竟谁是聪明人谁是傻瓜，但是没关系，一切都可以用事实来证明。你只需要看看最终的结果就能明白了：看似很聪明的人每天四处折腾，到最后仍然一无所获，而那些看似很笨的人不动声色地拥有了一切，人生中的权势、地位都是水到渠成。他们绝对拥有自己的独门手段，但他们又深藏不露，从表面上你看不出一点蛛丝马迹。他们仿佛是笨蛋，但事实证明，他们才是真正的聪明人。

不怕不聪明，就怕太聪明。一个人聪明过头便会陷入盲目，目中无人，不知天高地厚，这个时候，看似很聪明的人其实已经等于是半个傻子了。只不过比笨蛋多了一分胆量，比傻瓜多了一分虚伪，比白痴多了一些花样。其实，这种“聪明”并不比笨蛋、傻瓜、白痴强到哪里去，而是更可怜、更可厌、更可悲。他们的这种心计是很容易被看穿的，一旦看穿他们便成了众人口中的小人。但事实上，他们虽然落了个小人的骂名，最终却并没有得到什么实惠，依然穷困潦倒地狼狈生活着。

《菜根谭》中有句话说：“聪明人宜敛藏，而反炫耀，是聪明而愚懵其病矣，如何不败？”意思是，聪明有才华的人应该掩藏自己的才智，如果到处炫耀张扬，那么他的言行就跟愚蠢无知的人没有什么区别，他的事业哪有不失败的道理？这是那些自以为是的聪明人一定要牢记的座右铭。

这个世界上处处可见小聪明者的身影，大智慧者却寥寥无几。小聪明以自我为中心看问题，有种别人都是笨蛋唯有我最聪明的自负。这种聪明是表面上的，就像漂在水面上的一层油，看似光彩亮丽，其实并没有深入水的内部去。真正的聪明是什么呢？是一种大智大勇的谋略和远见——不动声色、大智若愚、运筹帷幄，有种水滴石穿的韧劲，有种任你千变万化，我早已将你看穿的沉稳。这就像一个貌似没啥了不起的风险投资人，到投资项目的关键时刻，一投就是几个亿，而且出手必中！

如果说大智慧是深刻的，那么小聪明则是肤浅的；如果说大智慧是战略，那么小聪明就是战术；如果说大智慧看到的是西瓜，那么小聪明看到的就是芝麻。这是两种完全不同的境界，一个是一飞几万里，一个则是跳跃几十步；一个是说句话掀起暴风骤雨，一个则是整天唧唧喳喳却讨人嫌！

真正聪明的人都懂得掌握“度”，太聪明了反倒不如不聪明。《呻吟语》中有一段十分精辟的话：“精明也要十分，只需藏在浑厚里作用，古今得祸，精明人十居其九，未有浑厚而得祸者。今之人唯恐精明不至，乃所以为愚也。”译成今天的话就是：“精明还是非常需要的，但要在浑厚中悄悄地运用。古往今来得祸的人绝大多数都是精明的人，没有因浑厚而得祸的。现在的人唯恐不能精明到极点，这正是他们愚蠢的原因啊！”

其实，古人说的话，今天来看也丝毫不过时。

我见识过身边很多所谓的聪明人，这些人最终都会被社会淘汰。只有那些真正懂得隐藏和运用自己聪明的人，才混出了一番名堂。他们看上去貌不惊人、言不压众，但是所作所为恰到好处，滴水不漏。

人就是这样，刚踏入社会时阅历较浅，沾染不良习惯的机会就比较少；经历的事儿多了，城府就会越来越深。其实，我们与其过于圆滑，还不如对生活保留朴实的态度；与其事事委曲求全、谨慎小心，倒不如豁达开朗地去做事，依据自我的本性去待人接物！

◆ 真正的聪明人从不炫耀才华，只有蠢材才卖弄学问

世间往往有这样一种奇怪的现象——越是有本事的人，往往越低调，看上去就像什么都不会一样。而那些经常显摆自己无所不能的人，一到关键时刻就腿软，其实什么都做不好。

《道德经》中说的“大智若愚，大巧若拙”，听起来好像是让人装笨、装糊涂，其实不然。这其中有着很深刻的为人处世的道理——隐藏自己的聪明，不做挨打的出头鸟；炫耀自己的人从来都是优点打折，而缺点却暴露无遗。这个道理看看孔雀开屏就全明白了——孔雀开屏，在炫耀自己绚烂羽毛的时候，往往也露出了最丑陋的屁股。如果你炫耀自己的聪明，那你最愚蠢的一面也就呈现在众人面前了。

有一个师父去非洲旅行，他和门徒来到一家客店过夜。客店的老板前来请教问题，他说自己有两个妻子，一个很美，另一个很丑。

“不过，问题是，我爱那个丑的，而讨厌那个美的。”老板说。

师父问："怎么回事？"

"那个美的妻子太喜欢炫耀自己的美了，这使她看起来很丑；而另一个意识到自己很丑，变得十分低调、谦虚，这使她看起来很美。"

那个美的妻子一直认为自己是美的——她变得骄傲了。当她骄傲的时候，怎么可能美丽呢？她变得十分自我，自我不可能让一个人变成美丽的天鹅。另一个丑的，当她意识到自己是丑的，她就变得谦逊了，而谦逊让她变得美丽了。

所以那个老板说："我很困惑，我爱那个丑的妻子，而我讨厌那个美的，请你解决我的困惑。"

师父叫来所有的门徒，说："不要骄傲你是聪明的，否则你就是无知的。如果你认为你是无知的，你就是聪明的。"

几年以后，这个师父再次访问这家客店，老板对他说："令人困惑的事情又发生了，上次你来我这里，我向你提过这个问题，你把它解决了。但是从此以后，一切都改变了，那个丑的开始以她的谦逊为骄傲，变得自以为是，现在我不爱她了。不仅她的身体是丑的，现在连她的本质都变丑了。而那个美的，她知道美丽的骄傲破坏了自己的美丽，惭愧不已，变得谦逊了。现在我开始爱她，不仅她的外表是美丽的，她的本质也变得很美丽了。请你告诉我，这到底是怎么回事？"

师父说："请让我保持沉默，如果我说了什么，那这个故事又会发生一次转变。所以，保持沉默！"

世情就是这样奇妙。当一个美丽的女人炫耀自己的美丽时，她就开始变得丑陋；当一个聪明人炫耀自己的聪明时，他就开始变得愚蠢。我们可以继续延伸——一个本来很有才华的人，当他炫耀自己的才华时，才华就开始变得一文不值。一切都在悄悄地发生变化，仿佛其中有魔鬼在控制一般。我们每个人都逃脱不了这样的控制，这就是人心的复杂之处。你的态度可以创造一种美丽，也可以毁掉一种美丽。聪明是可以创造和修炼的，而自作聪明也可以变得像粪土一样廉价和令人生厌。

我在《菜根谭》中读过这样一段话："利欲未尽害心，意见乃害心之蟊贼；声色未必障道，聪明乃障道之藩屏。"意思就是说，名利和欲望未必都会伤害自己的本性，而刚愎自用、自以为是的偏见才是残害心灵的毒虫；淫乐美色未必会妨碍人对真理的探求，而自作聪明才是修悟道德的最大障碍。

在现实中，许多人正是因为急于表现自己的才智，才导致四处碰壁、举步维艰。

有位公司老板带着三个得力部下去打高尔夫。前两个部下先打，都表现得十分差劲，第一个只把球打出了二十米，第二个甚至把球打进了水塘里。老板拿起杆问第三个部下："你能把球打到八十米外对面的那个斜坡上吗？"这位部下毫不犹豫地回答："当然能！"说罢"啪"地一杆，球飞出一道优美的弧线，足足有一百米远，完成得十分出色。他得意扬扬地望着老板，可他看到的是老板的一张苦瓜脸。

第三个部下根本不理解老板的弦外之音。这种场合本来是让老板满足自己的虚荣心，展示领导权威的机会。他却卖弄聪明，还以为能在老板面前讨个头彩，留下好印象，为今后在公司的发展增加筹码。不料正好撞到枪口上，倒霉也是活该！与其说这是聪明有才，倒不如说他蠢笨如牛。在这种场合，他越是卖力地表现，就越给自己在公司的前途带来不利。

你睁开眼睛看就会发现，自作聪明的人到处都是，但成功的人没有几个。他们炫耀自己的才华和聪明，结果只落得个颗粒无收的下场，可以说腹内学富五车，但口袋里空空如也。这是不是上天给予世人的一种警告？

说到这里，你还敢轻视这样的处世法则吗？完全不是耸人听闻，这样的处世法则决定着一个人的命运。一个深谙其中秘密的人往往能够在不知不觉中获得成功，而不明白其中真相的人往往不得要领而一败涂地，直到临死的那一天还处于懵懂状态，不知道自己一生问题出在哪里。

千万不要做这样的无知者！从今天开始，让自己真正变得低调，从内心里谦逊起来，而不是假装地做做样子。要知道，假装的低调没用，因为它是一种更加炫耀的姿态。世界上没有谁是傻瓜，没有人是看不出来的。我们需要做到真正的不张扬，真正的谦卑和努力。如果你能够做到这一点，你就能够慢慢变成一个最明智的人，一个有能力改变自己命运的人。

但是，不张扬并非让你不作为，内敛也不是让你将自己锁进大箱子，而是等待最佳时机，然后一鸣惊人。况且，如果没有前期大智若愚的铺垫，一鸣惊人的效果就不会达到，整天忙着表现自己的人其实永远也不会惊人。

聪明在关键时刻表现出来才会有爆发力，才能引起众人足够的关注，留下深刻的印象。那些平时聪明过度的人，心思全用在如何吸引大家的眼球上，轻浮冲动、沉不住气，到了紧要关头反而拿不出让人眼睛一亮的东西，于是也就现了原形。

不管是为人处世还是在工作中，这个道理都是适用的。“立名者，所以为贪”，到处宣扬、生怕别人不知道自己的人，肚子里装的其实全是草；到处卖弄小聪明，显得自己智商很高的人往往就是我们正在“寻找”的那个超级大笨蛋。碰到这些眉头上刻着“我很聪明”的蠢材，要赶紧离他远点儿！

◆ 真正的聪明人都懂得推功揽过这一招

我记得有个幽默故事，说一只黑猫好不容易捉到一只老鼠，把玩了一阵却把它给放了。黄狗见了，不解地问：“辛辛苦苦抓到的美味，你为何放了它？”黑猫回答说：“你当然不会明白，我是同上司一起被派到这里来抓老鼠的。现在，上司连一根老鼠毛都没捞到，我怎么能抢它的风头呢？所以，我把它放掉，让上司来抓它！”

这只黑猫就是一只聪明的黑猫。它知道身为下属，有时为上司作出一些恰当的“牺牲”，是一种值得的投资。它先把老鼠追得筋疲力尽，再把它放掉，让上司轻而易举地抓到它。上司得到了功劳，心里肯定也明白到底是怎么回事。黑猫虽然没有捉到老鼠，却得到了比一只老鼠更大的实惠，那就是上司的信任和提拔。

在现实生活中，我们经常可以看到，许多干部在作汇报的时候，将功劳和业绩都归于上级的英明领导，把自己置于一个执行者的位置。他们抓住的恰恰是上司对于虚荣心的需求，把功劳推给上司并不意味着你就没有功劳了，大家对事实都心知肚明。一个合格的上司，不会真的抢你的功劳；相反，他会对你做人处世的风格非常赞赏。如此看来，“推功揽过”实在是有百利而无一害。

在这个世界上，凡是成功的“牛人”大都懂得与别人分享美名。在他还没有成功的时候懂得与人一起分享利益，所以朋友帮助了他。当他成功以后又懂得推功揽过，认为都是大家的功劳，有了失误自己承担。只有这样的人才能让亲人、朋友聚集在他身边，只有这样的人才会成功！

我的表哥身在地产圈，他曾给我讲过这样一件真实的事：某地产集团的运营经理与下属群策群力，历经半年完成了一个项目。上级过来检查工作，他夸夸其谈，将功劳全揽到自己身上，好像是靠他一个人就完成了如此壮举。上级大喜之余当然对他进行了表扬，许诺给他各种奖励。但下属们不乐意了，对这种阴险的自私鬼非常失望，从此跟他离心离德，不管做什么事情都不再配合他。还有不少人给上级写检举信揭发他的错误，暗地发誓不打倒他决不罢休。

为了贪图一个美名而葬送了自己的前程，这又是何苦呢？看看瞬间就站在敌对面的庞大的同事阵营，你就能明白——不懂推功揽过这一潜规则，何等危险？

真正的聪明人大都明白这个道理。名声和荣誉，他们不会一个人独占，大都跟人分享，因为这样才不会招来忌恨，被人算计；而对于别人不好的名声和错误，他们不会轻易责怪，而是主动承担几分。于是，在大众眼里，这样的人非常有魅力，打心眼里喜欢他，实打实地帮助他。你说，他不成功谁能成功？

关于这个道理，《菜根谭》中说：“当与人同过，不当与人同功，同功则相忌；可与人共患难，不可与人共安乐，安乐则相仇。”意思是，应该有和别人共同承担过失的雅量，不应当有和别人共同享受功劳的念头，共享功劳就会引起彼此的猜疑；应该有和别人共同渡过难关的胸襟，不可有和别人共同享受安乐的贪心，共享安乐就会造成互相仇恨。

每个人都难免在工作中出现失误，这很正常。但就有这么一类人，出了事就把责任往同事或下属身上推，先把自己撇干净，生怕上司责怪到自己的头上，嘴里说着“全赖你，全赖你”，好像全是对方的错，自己成了不吃五谷杂粮的大圣人。这么做的结果只会让自己失去信任，使前途岌岌可危。

老板正与客人谈话，市场部的负责人小李敲门进来告诉老板，有位重要的客户发来了一份电报。老板谈兴正浓，只是点了点头，不耐烦地说：“我知道了。”结果两天后，老板把小李叫到办公室，怒气冲冲地质问他，为什么不将客户打来电报的事情向他汇报，以至于差点儿耽误了一笔大生意。

如果你是小李，你会怎么说？下面是三种答案：

A．这不是我的错，我接到电报就告诉你了。当时你正与一位客户谈话，你还说知道了呢！

B．我没有责任，请不要怪我！

C．对不起，我没有及时地让您知道，请原谅！

很显然，A和B讲述的都是事实，小李丝毫没有责任，但是真正聪明的人一般都会选择答案C，马上将错误归结到自己头上。因为这正是老板期望看到的，他并非不知道错在自己，而是因为自己的身份是不允许出错的，所以必须要找一只“替罪羊”。此时你非常配合地站出来让他发泄一番怒火，给他一个台阶，虽然他嘴上责怪你，但内心其实还是会感谢你！

金无足赤，人无完人。上司也会出现疏忽和漏洞，决策失误、指挥不当，经常会发生。作为下属，你绝不要放大他的窟窿，甚至想墙倒众人推，取而代之。而最好是主动出面适当帮助上司遮掩差错，往自己身上揽些责任。上司都喜欢可以为自己“补台”的下属，如果你在关键时刻对他落井下石，或对他的“落难”不闻不问，冷漠置之，那你就要小心了，因为他很快就会“报复”你。

当你跟朋友或爱人发生争吵时，也可以这样去解决问题。即使你没有错，如果也能主动地说一句“不好意思，可能是我搞错了”，而不是一味地纠缠于“一定是你错了”，是不是更有利于尽快地化解纠纷呢？有时候两个人吵来吵去，争的不过是个面子，是一个彼此都能摆脱尴尬的台阶而已。

当同事有些工作做得不到位，领导正要训斥他时，你过去帮他解围：“对不起，刚才我请他帮我做了一份图表，所以耽误了他的时间，导致他的工作没有及时完成。”你看，这个理由既能助他摆脱尴尬，又不会使你陷进去。领导不会再深究什么，同事也会对你充满感激，这可是一笔无形的投资！

但“分享”与“担责”并不等同于普通的哥们儿义气，而是在公平合理的基础上与他人共同分享美名，共同承担过错。无论是公司的管理者还是生活中的我们，都需要体悟和运用这一智慧。

第一，揽过要适度。小过小错可以由你来承担，挨几句批评，甚至罚一些奖金的损失都无关紧要。但绝非什么过错都可以揽，比如你上司贪污腐败，你若还站出来代人受过，那岂不是自寻死路？所以，揽过的时候要眼明心亮。

第二，推功要巧妙。别轻视你上司的智商，不要赤裸裸地把功劳强加到上司身上，造成张冠李戴的尴尬场面，那样只会弄巧成拙，招致上司的怨恨。而且，当你把功劳让给上司的同时，万不可到处宣扬，否则会让人误以为你别有目的。

◆混社会的最高境界——双赢

成功者都深谙这个道理——成功是靠组织、靠团体，而不是靠个人。他们一旦遇到任何问题，首先想到的肯定不会是自己单枪匹马地去解决，而是找伙伴一起来商量，集思广益、博采众长。如此，大家都得到了实际的利益，想要成功也变得更加容易。

每一个成功人士的背后都有一大批人在帮忙。那些电影明星都有制作群；而那些歌星也都有帮他们作词、作曲的人以及帮他们推广的唱片公司。这些人的成功不仅仅是凭借自己的能力，更多的是团队的力量，所以有人说这是一个“合谋的时代”。

在这个世界上你可以没有知己，但是一定要有很多互利的朋友。你们在生活中不一定很谈得来，但是你们在生意上一定要有共同的利益。如果你想赢得朋友，那就必须在你们之间设置互利关系，这是稳固你们关系的根本。有了互利的朋友，你才能在社会竞争中立于不败之地。

在美国农村住着一个老头，他决定让儿子成为不平凡的人。于是，他找到美国当时的首富石油大王洛克菲勒，对他说：“尊敬的洛克菲勒先生，我想给你的女儿介绍个对象。”洛克菲勒说：“对不起，我没有时间考虑这件事情。”老头说：“如果我给你女儿找的对象，也就是你未来的女婿是世界银行的副总裁，可以吗？”洛克菲勒同意了。然后，老头又找到了世界银行的总裁，对他说：“尊敬的总裁先生，你应该马上任命一个副总裁！”总裁先生说：“不可能，这里这么多副总裁，我为什么还要任命一个副总裁呢，而且必须马上？”这个老头说：“如果你任命的这个副总裁是洛克菲勒的女婿呢？”世界银行的总裁便爽快地答应了。

世界上最出色的生意就是这样谈成的，因为给对方提供了利益，所以到最后自己也收获了大利。人际交往的实质是什么？就是利益交换，这和人要吃饭、鸡要啄米一样简单。在这个竞争激烈的社会，我们一定要抛开“个人利益就是所有”的陈旧观念，当然你可以“利己”，但利己不一定非得建立在“损人”的基础上。有很多合作模式最后都能得到双赢的结果。

世界上没有“全能冠军”，任何人都得凭借身边的朋友和关系才能做成事情，比如一件复杂的工作凭借个人的力量很难完成，此时就必须有一种团结合作精神。合作精神在生意场上是不可或缺的一种品质，一个普通人只有放进团队中才能彰显力量，作出不一般的成绩，所以要想让自己更好地发展，就要有跟人合作共赢的决心。

中国人崇尚“君子之交淡如水”，很多人忌讳将利益和朋友联系起来，以为如果承认了利益是友谊的前提，就会被贴上“势利”的标签。其实人生中大部分朋友都是在谋取共同利益的过程中结交的，利益越一致，关系越深厚。尽管人与人之间有各种矛盾，但利益的凝聚力会使双方去磨合、修复，自动寻求平衡。

对每个人来说，要想成功就要懂得先利人再利己，最终做到既利人又利己，这才是为人处世的最高境界。只有懂得舍弃小的利益，让人一步，惠及他人，才能迎来别人对你的回报。当我们对别人让利的时候，其实也是为了让自己得到更大的实惠！

庄吉集团的创始人之一郑元忠是改革开放初期温州有名的“电器大王”，后来他选择了服装业，成立了一家服装公司，但一直没有作出什么大成绩。

一次偶然的机会，郑元忠认识了同样从事服装行业的陈敏，两人一谈，便有一种相见恨晚的感觉。于是，他们在商量后成立了温州庄吉服装有限公司。

不久，吴邦东也加入其中。三人在公司各司其职、各有所长，被业界称为“黄金三角”。

当时，对于谁当董事长的问题，三人都看得很开。按股份，郑元忠是理所当然的董事长，但是郑元忠选择让陈敏来当董事长。正如他日后所说：“服装该由懂服装的人来做，陈敏是当时温州服装界数得着的少帅，又是服装商会的副会长，三个人中肯定他最行，而且也最年轻。”

三人从一开始组合就达成一致：庄吉的权利在董事会，实行董事会领导下的总裁负责制，公司绝对不安排任何人的家族成员。有一次，陈敏的侄子大学毕业后想到庄吉工作，被陈敏拒绝了。如今的庄吉股权清晰，事事由董事会集体决策，已经创造了许多第一：全国第一家利用品牌作质押贷款的民营企业，温州市第一家民办服装文化研究所等。庄吉还与中国美院、杭州丝绸学院等多家科研单位合作，成功地把庄吉定位于高层次的服饰品牌。

有人说当今社会是一个合作型的社会，各取所需的合作模式可以表现在工作和生活的方方面面，同样也表现在企业的经营管理中。互利和双赢应该是经营者始终要牢记的最高准则和追求目标。尤其是创业的时候更需要借助别人的力量，这就需要合作，寻找一个好的搭档才能迸发出无限的能量，才能各得其所。

华人首富李嘉诚说：“如果利润10%是合理的，本来你可以拿到11%，但还是拿9%为上策，因为只有这样才会有后续的生意源源而来。”这句话表达了一种互利的经营观念。互利的目的是寻求更多的机会、财富以及资源，而非敌对式竞争，这正是人际交往与生意场上的最高境界。

◆ 做人要真诚，处世要变通

我有个当公务员的朋友跟我讲过一件小事：他们单位有个同事，模样忠厚老实，长得特别有“欺骗性”，不管谁看到他都觉得这个小伙子很实在，一脸善相。所以，他刚进政府做文职工作的时候跟同事相处得很好，聊得也投机。大家一高兴，几个同事凑了点儿钱给他举行了一次欢迎宴。在酒宴上，年轻人豪爽地连干数杯，在感谢众人美意的同时，许诺说：“第一个月的薪水发下来之后，我一定请诸位去省城最好的饭店大吃一顿。”众人也都竖起了大拇指，说他前途一定光明。

两个月很快过去，薪水都发了两次，同事们数次对他进行暗示，这位年轻人充耳不闻，当初答应的还请一事早就抛诸脑后了。在他看来，原来的承诺不过是随口应酬的客套话而已，无足挂齿。但在别人眼中就不是那么简单的问题了，初来乍到就一点儿也不真诚，竟敢玩虚的、说话不算数。同事们黑了脸，认定这小子是个大滑头，就开始整他，让他负责最烦心的工作。

混社会就是这样简单，一个人如果做人不够真诚，那就成了一个老滑头，无论做什么事都让人感到虚假。如果为人处世不懂得灵活变通，就会像一个没有生命的木头人，无论做任何事都会处处碰壁。

做人不真诚，总是华而不实，朋友就会疏远你，时间久了你会被贴上“骗子”的标签，后果很严重。事实就是这样，真诚是一个人在社会上生存最重要的一种品质。如果一个人固执呆板，处世不懂得变通，同样会到处撞墙。因为开车需要拐弯，为人处世同样需要转动方向盘。

有位推销员跟某老板约好了，坐了五个小时的车去向他推销公司的产品。到了目的地，老板的秘书把他拦住了，说老板有事出去了，今天没办法见面。这名推销员眼珠一转，抬起一脚就把门踹开了。老板果然就坐在里面，见他踹门，站起来吼道：“你怎么这样？”推销员也生气地瞪着眼，说：“我坐了五个小时的车来和你谈生意，帮你挣钱，你却这么拒绝我，难道平时你就是用这种态度对待自己的客户吗？”老板哈哈大笑，立刻变得友好起来，说：“不错，跟我对脾气。”两个人坐下促膝长谈，很快就谈妥了合同。

全世界没有一本销售教材会教人伸脚把客户的门踹开，他不但这么做了，还成功地搞定了一宗大生意。因为他知道自己销售的虽然是商品，但归根结底还是人与人之间的互动。他在来之前仔细查看了这名老板的资料，发现他是一个江湖气很足的人，讲义气，不按规矩出牌。所以，当秘书拒绝他入内时，他马上就明白这可能是老板有意试探他。于是他调整策略，破门而入，果然大对老板胃口。

俗话说：“识时务者为俊杰。”如果一个人不懂得变通，那就是一个呆子。我们都知道刻舟求剑的故事，这就是一个学富五车的人不懂变通的活例子。船已经走了，所刻下的那个印记自然也失去意义了，靠这样的死脑筋又怎么能够找到自己的宝剑？同样的道理，我们如果不懂得变通就会变得迂腐不堪，如同没有生命的雕像和傀儡，为人处世的时候就会不得要领，做出让人哭笑不得的傻事来！

虽然处世需要变通，但我们也不能因此丢掉自己的原则，否则就成了随风而动的墙头草。或许刚开始给人一种聪明伶俐的好印象，但绝不会长久，太滑头了让人讨厌，太死板了也没人喜欢。针对不同的人与事善用变通之法，比如一群人坐在一起聊天，富有幽默感、擅长调动气氛的人总能给人留下深刻的印象。如果你严肃得像一个领导，字字讲究、枯燥无味，大家就会对你敬而远之。

◆ 真的是“人不为己，天诛地灭”吗——自私自利的底线

有个人说：“世人只因把自我看得太重，所以才有各种嗜好和烦恼。”

我认为，这话真是一语中的，切中要害！

假如不知道有自我的存在，又如何能知道事物的可贵呢？既然能明白连身体都不是自己能永远占有和控制的，世间还有什么烦恼能侵害我呢？

当自身利益和别人的利益发生冲突时，我们往往会不由自主地选择维护自己的利益。这就是人类自私本能的充分体现。

世人喜欢用“人不为己，天诛地灭”这句话为自己的自私自利开脱，可又有多少人知道这句话的真实含义呢？在佛家用语中，“为”是修为的意思。其含义就是，人不修为自己，天理难容！而很多人却解释成：人不为自己谋取私利，那么天地就会诛杀他。这个意思明显不通，要知道，老天爷在中国人眼中可是公平的化身，怎会如此糊涂？

中国人的处世哲学强调无我无欲，反对突出自我与自私。以现代文明的视角来看，古人宣扬的灭私欲存大义，不允许人有丝毫的自私之心，当然有不可取的一面。因为自私是人类的天性之一，没有自私自利就没有热火朝天的干劲，每个人都会丧失积极性。但另一方面，如果我们任凭自我意识泛滥，将自私自利作为行事的主要

标准，那必然为人不齿，在生活中难有朋友，工作中也难寻合作者。

退一步来说，即使我们承认自私自利是人的天性，也要掌握一个度的问题。中国人做什么事都讲个“度”，一旦突破这个度就会物极必反。如果你在现实中过于自私，就必定会遭到众人的一致排斥和反对，这样的话不仅追不到私利，反而连自己已有的利益也要原样吐出来！

有这样一个经典故事，告诉我们真正的聪明人是如何对待自私的。

春秋末年，鲁国人公仪休因德才兼备被任命为宰相。他有个嗜好——爱吃鱼，几乎到了无鱼不欢、无鱼不食的地步。看到公仪休做了相国，一些别有用心的人便千方百计地送鱼给他吃，但全被公仪休婉言谢绝，失望而归。

不久，公仪休的一个学生听说老师当了宰相，特地买了两尾鲜鱼登门祝贺。公仪休一如既往，拒不收纳。

学生非常奇怪，问道：“老师一向喜欢吃鱼，今天学生来看望老师，为什么却不接受呢？而且，我听说很多人都曾经送鱼给老师，老师为什么一概不收呢？”

公仪休回答说：“我身为宰相，理应廉洁奉公，所以他人送鱼一概不收。”

学生想了想，说：“我送鱼是尽师生之谊，别无所求。再说老师身为国相，收两条鱼又算得了什么？”

公仪休摇摇头说：“正因为我喜欢吃鱼，所以更不能接受你的鱼。我现在做了宰相，买得起鱼，我自己可以买来吃。如果因为接受了你送的鱼而被免去宰相之职，从此我就买不起鱼了，你难道还会再给我送鱼吗？到那时，我这个喜欢吃鱼的人就不能常常有鱼吃了。与其这样，我不如现在不接受别人的鱼，做个廉洁奉公的好宰相，鲁君就不会轻易免掉我的职务。这样虽然不能吃别人送的鱼，但我自己的俸禄能保证我天天有鱼吃。因此，我不会接受你送的鱼。”

你读懂了吗？

正因无私才能成其私。公仪休爱鱼不受鱼，值得称赞，因为他是为了保住相位，同时保证自己有鱼可吃，归根结底还是为了保住自己的地位。这才是真正的聪明人，站得高，看得远，做纯粹而清醒的自己！

面对金钱、权力和美色，生活中的绝大部分人不堪一击。究其原因就在于世人往往无法逾越欲望的雷池，这也是人性的最大缺憾和悲哀。

自私自利的底线不应该建立在别人的痛苦和损失之上，而应以人之常伦的做法去实施，正所谓“己所不欲，勿施于人”。所以我觉得，就算是出于个人的私利目的，至少也要以“互惠互利”为前提才可以，只有这样才能得到世人的支持和推崇。所以，现代人自私自利不是什么不可以的事，但一定要注意掌控底线，坦坦荡荡地去努力奋斗，光明正大地打拼自己的一片天地。

在具体的处世中，我们务必坚守以下两点：

1. 自私的底线是不要伤害他人。

如果我们的利益是建立在别人痛苦的基础之上，就会被人唾弃和鄙视。某公司的一位经理为了讨好总经理，也不征求大家的意见，就自作主张地宣布国庆假期取消，让部门的所有员工都留在公司加班。这种行为就是为了自己的利益，牺牲他人的正当权益，踩着别人的肩膀往上爬。所以，切记自私的底线必须是维护自我的正当利益，不可伤害他人。

2. 自私的容忍度是不要影响团队合作。

“一个和尚挑水喝，三个和尚没水喝”的故事，我们都知道。三个人都不想吃亏的自私心理造成了这样的结果。一个和尚时，他只能自己挑水，所以有水喝；两个和尚可以一起抬水，谁都不能偷懒，也能喝上水；三个和尚时，都盘算着让另两位到山下受累，自己留在庙里休息，结果就是三个人都不想动屁股。这种自私不但自己捞不到好处，还大大地影响了团队的利益。

◆ 做人就像种田，最后的收成才是评定的标准

一个人的名声怎么样，往往不看他的从前，而是看他现在和今后要做什么样的人。

我们经常看到一些本来很牛的成功人士，在壮年时期是炙手可

热的人物，可谓一人之下、万人之上，而且美名远扬，几乎没有一个人不称赞他。但是好不容易熬到快要回家养老的时候，他撑不住了，干了一桩罪大恶极的坏事，因为这件事落得个名声扫地，甚至丢了脑袋的结局。

这样的人其实是最愚蠢的，本来眼看着都活到人生的最后阶段了，为什么偏偏在这节骨眼上憋不住，拉泡屎搞臭自己的一生？

晚节不保的例子，最著名的当属大汉奸汪精卫。他从青年时代起就追随孙中山闹革命，为推翻清朝立下了汗马功劳，还曾冒死刺杀摄政王。那时的他可谓知名人物，有着很好的名誉，受到天下人的推崇与敬佩。岂料到了后半生，他却不顾民族大义，甘当日本人的走狗，落了一个遗臭万年的汉奸骂名。

一个人混到这步田地，再辉煌的过去又有什么价值呢？完全化为粪土，变得一文不值！

事实上，古代的“老江湖”早就认识到这一点了。比如，《菜根谭》中就有这样的观点：“声妓晚景从良，一世之烟花无碍；贞妇白头失守，半生之清苦俱非。语云：‘看人只看后半截。’真名言也。”意思是，歌姬、舞女如果在晚年嫁人做良家妇女，那么曾经的风尘生涯对后来的正常生活不会有什么妨碍；一生坚守贞洁的少妇若在晚年耐不住寂寞而放纵自我，那前半生的清苦就都白费了。所以俗语说：“观察一个人的节操如何，主要是看他的后半生。”这真是至理名言啊！

无论做人做事，我们都须谨记这一忠告，尤其是那些在官场混的人更需要处处小心、时时注意。哪怕你荣耀了一辈子，如果最后犯个大错，可能一生就这样毁了。人生就是如此奇妙，哪怕一个以前做尽错事的人，如果他痛下决心洗心革面，仍然是浪子回头金不换，能够得到大家的原谅。如果他再做一些善事，就能够获得众人口中的美名。我们一定要明白这个人生的道理。

在现实生活中，我们经常会看到这样的情况：让人尊敬的老领导，眼看就要退休了，却被查出贪污受贿，接受国法的审判。

中石化集团原总经理陈同海因受贿1.9亿余元，被判处死刑，缓期两年执行，剥夺政治权利终身，并没收个人全部财产。陈同海犯事并突然辞去中石化领导职务是在2007年，当时已五十九岁，距离功成身退的六十岁不过几个月的时间。晚节不保是每个人最懊恼的事情，因为明明离功成身退只有一步之遥，却在最后关头一失足成千古恨。

《菜根谭》中还有一段类似的话："事穷势蹙之人，当原其初心；功成行满之士，要观其末路。"意思是，对于在事业上遭受失败、事事不顺心的人，应当体谅他当初的本意是为了奋发上进；对于事业成功感到万事圆满的人，要看他在以后的道路上能否保住晚节。这就告诉我们，不要为一时的失败而懊恼，更不要为一时的得意而忘形，因为此时还未盖棺定论，远不是喝庆功酒的时候。

有一些人以前毫不起眼，我们都觉得他没什么能力，也就是个

普通人，最后突然像吃了兴奋剂一样勇猛无比，连连发力，接二连三地完成了艰巨的任务，让所有人都刮目相看。当具体到某项工作时，道理亦如此，只有最后的结果可以证明一切。不管前期有多少失误、别人不理解、竞争对手的冷嘲热讽，这些都不重要。只要你坚持努力，作出好的结果，一切的非议都将烟消云散！

由此可见，做人做事就像种田一样，最后的收成才是评定的标准，那个时候胜负才见分晓！

第四章　不要被人卖了还帮人数钱

在这个世界上，不懂混社会的人被称为傻子毫不为过。单纯，有时并不是一件好事。所谓害人之心不可有，防人之心不可无。所以，要学会混社会的技巧，不要被人卖了还帮人数钱！

◆ 利用和被利用的关键

读中国历史，看各个朝代兴盛、衰亡，总会有些感触。《三国演义》开篇说："天下大势合久必分，分久必合。"这句话总结了历朝历代的兴衰成败。

在分合之间会出现这样的现象：兴盛伊始，君王往往是明智的；衰落之初，君王往往是昏庸的。当然，昏庸的君王并不一定最初就是昏庸的，有些君王的昏庸会有一个过程。

在此讲讲唐玄宗李隆基的事，他一个人分饰明君和庸君两个角色。

大唐在太宗和武则天小心翼翼的经营下，加上唐玄宗前期的英明，繁盛达到了巅峰。危机始于盛世，最根本的就是唐玄宗的思想变了——排斥节俭，注重享乐。

唐玄宗时期，第一只大苍蝇李林甫步步迎合皇帝的心思，借机爬到唐玄宗身边。

李林甫深得官场经营之道，很会揣摩唐玄宗的心思。杨贵妃未出现之前，唐玄宗宠爱武惠妃。于是，李林甫讨好武惠妃，并因此从吏部侍郎擢升为黄门侍郎。当然，他结交的妃子不只武惠妃，还有唐玄宗身边的其他嫔妃和宦官。自然，他很快就能获悉唐玄宗的一举一动，每次在朝堂上都能顺着唐玄宗的心思上奏，这让唐玄宗很受用。

公元 736 年，是唐朝出现事情最多的一年。

这一年，唐玄宗最宠爱的妃子武惠妃病逝。唐玄宗很难过，后来听说寿王的妃子懂音律，很漂亮，就将她纳入宫中，这就是杨贵妃。

这一年，唐玄宗游洛阳。当他想从洛阳回长安时，宰相张九龄等人上奏秋收未结束，皇帝兴师动众到长安会骚扰白姓，影响生产。

但是，张九龄等人走后，李林甫对唐玄宗说："长安、洛阳是陛下的东宫和西宫，陛下自然可以不忌讳时间来往。至于农民秋收事宜，陛下可以直接免掉他们的税收。这样，双方自然相安无事。"玄宗很高兴，依李林甫之计而行。

很快，杨贵妃被唐玄宗宠爱，李林甫更是极尽讨好之能。相对而言，宰相张九龄等大臣就"不识时务"了。不久，在李林甫的诬陷和玄宗的授意下，张九龄被罢官，不久病逝。随之，李林甫登上了宰相中书令之位。

开元盛世的大唐，随着玄宗自身的“裂痕”，加速了衰败。而安史之乱成为整个大唐盛世的转折点，江河日下，唐朝开始了宦官、奸臣当道的时代，而皇帝逐渐成为傀儡。

当一件容器出现裂痕时就要注意了，如果任其发展，这条裂痕会由小变大。所谓苍蝇不叮无缝的蛋，一个蛋有了缝隙自然就会被苍蝇抓住，狠命钻营。即使曾经英明神武又怎样？只要有了把柄被抓，最后仍是掉进了小人的陷阱里，泥足深陷。

当然，不只是唐玄宗，其他任何人、任何事都可能因为小裂缝而导致失败。一旦某条最初的裂痕出现，就有了一堆苍蝇围绕其间，使之变坏、变臭。

虽然我们周围这种大奸大恶的人不多，不过小人总是有一二，职场尤其多一些。这时候就要保护自己，别让自己有了“裂缝”，被人抓住把柄。

在此说说职场之“罅”——个人隐私。隐私很小，但很可能成为你升职路上的裂痕，被人利用。个人隐私背后是人性的偷窥欲在作祟，每个人都希望通过更多地了解别人来达到满足自己识人无数的欲望。所以，隐私就成了职场暗地竞争、利用和被利用的关键所在。

现在，我们来看看在哪些方面需要谨慎提防。

一、薪水问题

职场重利轻别离。薪水是永恒不变的话题，更是职场的“雷区”，很多企业都禁止员工私下相互打听薪水的情况。但是，这并不妨碍有些“闲人”和嘴碎者的欲望。

薪水往往和职位挂钩，所以薪水反映的问题既会令上级困扰，也会让同级同事和下属暗自分析和思考。因此，不要泄露自己的薪资状况，必要时可以冷处理。

朋友曾遇到这么个同事，此人没有什么别的爱好，就喜欢以探听别人的隐私为乐。今天问：“你爱人在哪里上班？”明天问：“你家的房子多少钱一平方米？”

朋友所在的业务部门，每个月的奖金和业绩直接挂钩，而且连续好几个月他的业绩都很突出，报酬自然丰厚。“包打听”女士蠢蠢欲动，每次发工资都会在他身边转悠。实在搪塞不过去了，朋友干脆冷冷地回答：“这个问题，我没必要告诉你吧！”“包打听”一听，跺脚走了。

二、交换隐私

隐私不是用来交换的，想避免自己的隐私被人打听，就要避免去打听别人的隐私。否则，听了对方的隐私，自己不付出点儿怎么行？而你要知道，对方提供的隐私，对你来说到底有什么意义呢？所以，遇到互相打探隐私的情况，不妨尽早打断他们的话题。

在单位，以下这些事都不适合告诉你的同事：

你的家庭背景和你工作间的关系；

你和公司上层人物私下的交情；

你的某些亲戚的来头，或者某些朋友的影响力；

你与传统相悖的生活方式；

针对工作的某些抱怨和想法。

为了更好地保密，你还应该注意对个人博客和QQ日志进行一定的保护，适当设置访问权限会让你有更好的保护。

当然，一些可以公开的小隐私说出来也无妨，比如电话号码、家庭住址或者自己的爱好。这些隐私如果刻意隐瞒，也许会遭到更多的猜忌，不如大大方方地告诉别人，别人反而不会放在心上。

◆ 如何不掉入别人的圈套

什么是真实？

历史？爱人的甜言蜜语？同事的小道消息？上司的承诺？

看似都是真实的，貌似又都不是。康德哲学中有个“二律背反”之说。在存在两个完全相反的论题的状况下，你不管是正着说，还是反着说，都是错的。因为真实与假象往往交错在一起，难以分辨。

生活就是如此。老鼠过街人人喊打，因为人们清楚地知道老鼠是个坏家伙。而骗子小人招摇过市，人人都痛恨，但是深信不疑的大有人在。

本人不喜欢骗人、捏人，但也不喜欢被人骗、被人捏，所以，遇到一些自己敏感的人就全身都处于戒备状态，小心应付。还好，生活了这么多年，算是安全的。

不过，看历史时总是少不了一些感叹。中国历史多能臣、多忠臣，更是少不了小人，也少不了栽在小人手里的能人、忠臣。王安石就是其中之一。

北宋政治家王安石为了自己主张的新法得以推广，在罢免部分“老顽固（反对新法的韩琦、富弼、文彦博）”后，亲自挑选了一些青年才俊。没想到，他所精心挑选的这批人中，出了好几个“仇人”，导致最后的变法失败。其中最具代表性的人物就是吕惠卿。

吕惠卿精明能干，很有政治头脑，所以深受王安石器重，被连续提拔，成了当时变法阵营中的二号人物。但王安石“爱才心盲”，没有看透吕惠卿的真实面目。此人之所以参加变法是为了捞取政治资本，贪图名利。所以，当王安石被罢免后，他没有继续施行新法，而是拉拢反对党，打击变法队伍。

王安石的学生郑侠在反对派的辅助下，借天旱之机，公然说天旱是王安石造成的，宣称“罢安石，天必雨”。

王安石用了这样的下属，变法大业在襁褓中夭折就不难理解了。

轻信于人，不懂得体察对手是做事大忌。不管是结婚还是找搭档、找下属、跟着某个领导，都有必要事先了解这个人，猜透对方的真实意图。只有看穿对方的心思才能知道如何有效部署，避免被别人拿捏。

下面是教大家看穿对手心理诡计的技巧：

想知道这个人是怎么想的，就要反向去思考，反向回应对方，然后听他怎么说，做什么事，这时就能听到真意。当然，反向听到的真意只是一小点儿，但是我们可以通过这点儿小征兆以小见大，预测同类的大事。

举个简单的例子：

想知道这个人是不是真想跟你合作，我们这么对他说："这么着吧，我自己单干，以后有合作咱们再谈。"如果他不想放弃机会，自然会放松口气："上阵亲兄弟嘛！你做，老兄自然不会置身事外！"

所以说，人与人的心理博弈就像摸着石头过河，不知道下一步要踩在哪里，也不知道对方下一步的举动，只能用各种方法去试探对方，从对方的反应中揣摩他的意图。

当然，试探也要伺机而动，并且要在对方毫无察觉的情况下进行，这样才能看到最自然、最真实的反应，可以从对方的一举一动中揣测其动机。

如果再精明一点儿，还可以暗中布局，引诱对方说出心里的想法。一般情况下，人们都是在伪装，而且会做到丝毫不露，你很难打探到实情。但是在某些特殊场合，人的意识会无法自控，比如喝醉酒会酒后吐真言；在巨大的利益诱惑面前，很多人都会把持不住而露出自己的真实面目。

因此，主动创造一些场景，最好是让他彻底放松或者极度紧张的场景，这样就能看到平时看不到的另一面。

在斗智中，谁也不会说真话，只能从侧面去观察对方，了解其真实情况。越是想知道真话，就越要保持理智。

了解了他的意图后，就不要在意他说什么，即使他的甜言蜜语说得很不错。

大智若愚才是上策。要想比别人聪明，就不要告诉别人你的聪明！

真正有谋略和胆识的高手，越是遇到大事，越谨慎、理智、冷静，精心设计作好每个细节。这样才能迷惑对方，刺穿对方的心理和部署，从而防止掉入别人的圈套，被人卖了还帮人数钱。

◆ 必须牢记言多必失的戒条

什么牵动了人与人之间的关系？

什么导致了这些关系的微妙变化？

与人交往，你最在乎的第一印象是什么？

我想，这三个问题都可以用一个答案来解释：“说话。”谈话中，你一言我一语，牵动的就是错综复杂的人际关系网。

不管在什么时代，口才好的人都处处吃香。韩非能写出东西来，但口吃，一腔才华也没能真正建功立业。

言语背后是一个人的思维活跃度，口齿伶俐背后显示的是一个人脑子转得快。所以，大多数人都喜欢能说会道的人。不过话说回来，还有一条法则须谨记——言多必失。

话太多就难以控制局面。一句话，说者无意，听者有心，伤害和尴尬不经意间就成了矛盾的源头。无心之言、儿戏之言、酒桌之言、多嘴之言，都会给你带来这样或那样的麻烦。

明代的开国皇帝朱元璋出身贫寒，年少时就是给有钱人家放牛做长工的。但朱元璋胸怀鸿鹄大志，非燕雀之辈。风云际会，终于成就了一代霸业。

做了皇帝的朱元璋，很忌讳别人提起他的过去。

有一天，他儿时的一个穷伙伴来都城求见他。只见那人一进殿，就大礼叩拜，高呼万岁，说："我主万岁！看到将军今日的成就，我实感荣幸能和将军同甘共苦过。记得当年微臣随将军扫荡庐州城，打破罐州城，汤元帅潜逃，擒住豆将军。"

其实这位仁兄说得这么威风的事，就是他们小时候一起偷豆子煮着吃的经历。不过朱元璋听他说得含蓄动听，着实高兴了一把，不禁回想起当年一群伙伴在饥寒交迫中有福同享、有难同当的情形，感触良久，随后立即重重封赏了这位兄弟。

应该说，这位朋友讲述的正是朱元璋小时候的糗事，但在外人听来，完全是朱元璋的某次辉煌之战。此人把一件儿童的贪玩之事用带兵打仗的形式讲出来，没有一句废话，句句都让朱元璋笑到心窝里。所以，朱元璋自然不会让这位"会说话的朋友"吃亏。

消息传了出去，另一个当年一起放牛的伙伴也找上门来。他可是朱元璋小时候的“铁哥们儿”，见到朱元璋竟忘记了叩拜之礼，依然像当年那样对着朱元璋指手画脚，他也说到了当年一起煮豆子吃的事情，不过他是这么说的：

“记得当年，咱俩一起给人家放牛，有一次饿得不行了就跑到人家地里偷了一把豆子。在芦苇荡里，我们把偷来的豆子用罐子煮着吃，还没等豆子熟大家就抢着吃，最后罐子摔坏了，汤都泼到泥地上，你还是只顾在地上抓豆子吃。”

在座的文武百官听后一片哗然，朱元璋更是气得脸色发青，喝令左右：“哪里来的疯子胡言乱语，拖出去砍了！”

会说话的人可以凭借三寸不烂之舌平步青云，升官发财；不会说话的人往往会祸从口出，引火烧身。另外，有些话说了也没意义，自己不讨好，别人也是听得牛嚼牡丹，不对胃口，白白浪费了你的心意。

看不到东西的人，你跟他说颜色如何绚烂，他只会一头雾水；听不到声音的人，你跟他说古筝、二胡的生意，他会跟你急；去了没人听懂你说话的地方，别人看到你不但没有茶水相迎，还会把你乱棍打回。去做行不通的事，那就只有撞南墙的份儿！

以上这些事，圣人是不会去说、去做的；相对的，蠢人却乐此不疲。因为，言辞本身关联着事态谋虑。做一件事要先看看是否可行，说话之前看看是不是能说。不经大脑就做出来的事、说出来的话，最后只能换来四个字：不识时务！

说话不识时务，自然祸从口出。

做事不识时务，自然身败名裂。

所谓三思而行，就是在谋划之后而动、而说。任何场合，不管是商场、战场，还是夫妻相处，都无法逃脱。

总的来说，言语有忌讳，少说多听是一条黄金准则。侃侃而谈不一定为自己增姿添彩，少言寡语也不一定就会被人忽视。避免激动时说过激的话中伤别人，让别人下不了台，或者抢了主角的光芒，喧宾夺主，流言飞语就能让我们毁灭。

孔子曾经也说了这么一句话："不得其人而言，谓之失言。"如果说话的对象不是你所深交或者熟知的人，那么你的畅所欲言、吐露真心，对方就未必会有积极的回应。因为这一切都是你的意愿，而对方的感受你根本不了解。

总有"一见如故""相见恨晚"的经验吧？这些人在你周围扮演什么角色？

可能依旧是陌生人，还可能成为你身边的"小人"。

所以，你可以一见如故，但不可倾心相告。人性是复杂的，单纯和真心只适合小孩子。而我们已经长大了，不适合全抛一片心，纵容别人来算计自己。

下面来讲个小故事。

王涛去厦门出差时，在飞机上遇到一位"港商"。两人一见如故，互换了名片。通过聊天，王涛发现这位港商举手投足间充满了贵族气质，便对其身份毫不怀疑。

下飞机时，两人因为目的地相同，而港商似乎也对王涛公司的业务很感兴趣，似有合作的意向。所以在接下来的几天，两人同住一家宾馆，吃住都在一起。

这天，王涛和一位客户谈成了一笔生意，取了大量现金放在包里。午饭后，两人一起在房间里聊天，中途王涛起身去了趟卫生间，回来的时候吓了一身冷汗：港商和装满现金的皮包都不见了。

王涛立刻报了警，几天后这位“港商”落网，原来被王涛认为有贵族气质的大人物是一个职业骗子。王涛对自己轻信他人、交出底细的做法后悔莫及。

所以，经验让我们记住这样一条原则，在任何地方都要尽量少说话。缄默是很好的自我保护，如果非说不可，就要注意说话的内容，千万不要和盘托出。因为和盘托出只会使自己成为别人眼中的透明人，社交场合也需要用“心机”去拿捏分寸。

我们不提倡要手段算计他人，但至少不要成为别人股掌中的玩偶。

美国艺术家安迪·沃霍尔曾对他的朋友说：“我学会闭上嘴巴后，获得了更多的威望和影响力。”确实如此，言多必失，说得越多就越容易露底。

◆ 不要认为别人唯唯诺诺就是赞成自己

不要认为别人唯唯诺诺，就是赞成自己；

不要认为别人默默不语，就是佩服自己；

不要认为别人和和乐乐，就是热爱自己；

不要认为别人卑卑谦谦，就是尊敬自己。

——《呻吟语》

看问题不要只看表面，做事情不要想当然。有些时候你看到的未必是真的，更不要乱加猜测。为人处世把自己放低一些、再低一些，不要自以为是，更不要被他人殷勤忠厚的假象蒙蔽。很多时候，是我们自己欺骗了自己。

关羽大意失荆州是妇孺皆知的故事。孙权派吕蒙偷袭荆州难以下手，便听从陆逊的计策：当今乱世，只有吕蒙算得上是关羽眼中的对手，关羽一向自认武功盖世、无人能敌。若此时吕蒙装做生病，改派别的将领指挥军队，并对关羽大加赞赏，关羽便会因此骄傲轻敌，从而不把吕蒙的军队放在眼里，出兵进攻曹魏，荆州的防守力量便会大大减弱。这个时候，吕蒙派军中主力突袭荆州必会易如反掌。吕蒙照此计策行事，关羽果真上当。从此，历史上就有了骄兵必败的典故。

由此看来，这种想当然、自以为是的做法，很多时候会害了自己。它会让你放松警惕，卸下防备，分不清敌友。当然，这也可以是一种战术。对于己方来说，表现出对敌人遵从的样子可以迷惑对手，使其丧失判断力，从而乘虚而入，打他个措手不及。韩信的“明修栈道，暗度陈仓”也与此类似。再比如吴王夫差因轻信勾践，以为他效忠自己，大为感动。不料放虎归山，最终惹祸上身。

做事业同样如此，很多时候，对手的做法只是为了迷惑自己。如果不能发现其真实意图，贸然行动必定会遭到失败。再者，在工作中多听取他人的真实想法，征求合理意见，才能壮大自身。

出来混的人首先要对自身有清醒的认识，摆正位置，不要以别人的表面态度来判定其想法。他人对你顺从也许是迫于你的权势，并不代表从心里认可你；别人不发表意见也可能是敷衍了事，明哲保身，并非没有自己的想法。切忌以表面现象作决定。

◆ 从穿戴看透内心

在人与人的交往中，穿衣打扮常常透露了一个人的内心。

那么，如何通过人的穿戴来观察人？

这需要通过平时的不断练习来积累经验，在你没有达到一定的水平之前，不要轻易确信自己目测得出的结论。这是因为，看错比看不懂更可怕！

有个做过店员的小伙子曾跟我讲述他的见闻：有一个穿着平常的人大热天打着赤膊进了一家首饰店，一出手就要买价值几十万元的项链。店员上下打量他，怎么都觉得这个人要么是个骗子，要么是个找碴儿的，穿得这么寒酸怎么可能买得起？店员都面面相觑，谁也不上前招待。正在此时，店长出来了，恭敬地请顾客坐下，热心招待，最终这位客人购买了一条价值九十多万元的翡翠项链。店员们向店长表示敬佩，问店长："您怎么看得出他真的是有钱呢？他看上去那么寒酸，竟然还打着赤膊。"店长严肃地说："我没看出来他有钱没钱，我只知道顾客是上帝！"几个店员听了，羞愧地低下了头。

对没有经过训练的普通人来说，很难通过穿戴看穿一个人。有一次，我为某报整理新闻材料，在某市公安局的审讯室听受害者哭着讲述被骗的经历。她是一家高档会所的酒水推销员，有个男人开着租来的宝马车、住着租来的别墅，而且出手大方，最后再编造自己父亲是某高官，可以把她"活动"到机关里当公务员，但需要经费十万元，她很自然地上当受骗了……受害人哭着说："觉得他看起来穿得那么好，举手投足看起来都好有贵气……"

这就是两个看错人的例子，一个差点儿错过一笔大买卖，一个被骗得倾家荡产。这是观人水平不高，却过于相信自己眼睛的结果。

事实上，最要不得的就是通过别人的穿着判断贫富，从穿着上判断贫富是最蠢的做法。观人不是观钱包，一个人的钱包鼓不鼓与穿戴没有必然联系。人与人之间的差别在于皮囊以内的东西，穿戴的作用是掩盖这些东西，不是表现这些东西。所以说，一个观人功夫不强的人仅凭一眼看上去就判断一个人，实在是没有什么胜算。

那么，从一个人穿衣戴帽的不同，有没有什么判断其内心的技巧呢？我只能说，技巧来自于经验，经验来自于积累。每个人的技巧都要靠自己的积累来获得，在这里把我的一些小经验拿出来，仅供新手参考。

一、衣着华丽的人

衣着华丽并非富贵的表现，那些每天穿着满身名牌的人，不见得钱包就比我们穿粗衣布鞋的人鼓多少。职场上常见一些小白领，明明经济不宽裕，甚至入不敷出，但就算刷信用卡或借钱也要打扮出一副潮人小资的样子，LV、Gucci、iPhone……把自己“武装”得贵气逼人，这已经见怪不怪了。在生活中与这样的人相处，你无须判断对方是否多金，只要多夸奖对方的服饰，夸其眼光好，有品，上档次，满足其膨胀的显示欲，这些人就不会轻易与你为敌了。多说几句得体的话，没什么坏处。

二、衣着朴素的人

同理，衣着朴素并非贫穷寒酸的代名词。我们不否认，大多数衣着朴素的人是由于经济条件的限制，但身家千万的人也不见得就每天穿个上万的行头出来逛，有的人脚上的拖鞋也不过十几二十块的超市货，因为穿着舒服。所以，朴素的衣着与钱袋同样没有必然的联系。

大多数始终保持朴素的穿着习惯的人都有着缺乏自信、喜欢争吵的缺点。他们对自己缺乏信心，所以希望对别人施予威严来弥补自己的自卑。越是自卑的人，越想掩饰自己的自卑，越会没完没了、得理不饶人地以期保留仅有的一点儿面子，无论如何都要最后取胜那么一点点，所以这种人在人际场上也不是很吃得开。与这种人相处，你只要大方地认同他的观点，就足以让他对你刮目相看了。

需要提醒大家注意的是，有些人的衣服已经不仅是朴素，而是破旧了，这种破旧不是时髦的做旧，是真正的经济贫穷的表现。这类人的经济条件不好，也希望或需要得到他人的帮助，但我们不要用一种悲天悯人的眼神与心态去对待他们，若帮助了他们也不要以此为谈资来炫耀。要知道，越是经济贫穷的人自尊心越强，人穷志不短。你帮助他们，他们会感激，但不见得就愿意让你把它公之于众作为炫耀的谈资，不愿意以一个参照物的身份去增强你的优越感。

当然，不见得每个衣着寒酸的人与我们相遇时，都是以需要帮助的贫困者姿态出现的。为了避免看错，遇到衣着朴素甚至是衣着寒酸的人，若你不能准确判断，至少要保证礼貌相待。这样，他即使是富可敌国的富翁，甚至是身居高位的高官，你也不会得罪他；他若是贫困潦倒之人，你也给予了他尊重，这是保证自己人格魅力的好办法。

三、紧追时尚的人

有一种人没有自己的着装偏好，他们唯一的标准就是流行，流行什么穿什么，若说他们真正喜欢什么，恐怕连他们自己也不知道。这样的人是有孤独感的，经常有不安情绪存在。与这种人交朋友是很容易的，但若让他们失望，他们受伤的感觉也会比别人更深。

四、标新立异的人

这类人不理时尚，流行什么与他根本没什么关系，他有自己钟爱的东西，喜欢标新立异。这种人的个性有两个极端：一个是十分强硬，一个是不敢面对社会。这两种个性有个共同点，那就是有强烈的自我，不愿与人对调。因此，这类人常常没有太好的人缘儿。

五、偏好饰物的人

有的人喜欢佩戴许多饰物，这样的人普遍没有安全感，甚至缺乏自我认定。也许你会说，这样的人穿戴很潮，但真正的潮人是不会戴很多夸张的饰物的。《三傻大闹宝莱坞》这部电影中，其中一个人足足在手上佩戴了十枚戒指，不过是为了保佑他功课全部过关。这样的人底气不足，遇事很容易被压垮，但是外表又表现得很强硬。遇到这样的人，千万不要去硬碰硬。

六、突然改变品味的人

有些人会突然改变服装嗜好，这也许是他想改变生活方式，但也有逃避现实的成分。张曼玉在一部电影中，受到情伤之后烫了一个极其夸张的爆炸头，用以告诉自己和过去的生活告别。我曾经有一位同事，每天上班都穿戴整齐，衬衣干干净净，袖口领口都不见一丝脏污，而且和大部分男人一样，他的衣服永远都是黑色、灰色、蓝色等标准男性色彩。突然有一天，他穿了一身格子西装，搭配了一条黑色的哈伦裤，里面甚至穿了一件橙黄色的衬衫。这类人十之八九是有什么事情起了变化，在你不确定他究竟发生什么事的时候，不妨对他的着装表示肯定，或者选择视而不见，仍用平常的态度对他，相信他会更加信任你。

七、没有一定的规律的人

有些人在穿戴方面没有一定规律，流行的东西若适合自己也不错，不流行的东西觉得搭配得当也很好，即使改变某种穿衣风格，也是渐进的，不会过于突然。这类人的情绪比较稳定，处世态度比较中庸，有着成熟的处世风格，较为理智，不会做出什么出格的事，也不会顺从自己的欲望，是值得深交的一类人。

人际交往是非常微妙的一件事，你的心理在任何细节中都能准确无误地表现出来，即使是穿衣打扮也有你的内心存在。所以想要在人际场上立于不败之地，还是要内外兼修才行。

◆ “我只告诉你”这句话的弦外之音

“我只告诉你……”这句话在公司的茶水间、吸烟室、洗手间，流传得尤其广泛，如果这句话用在企业高层中就会变成“这是非公开的”！一般来说，说我只告诉你的人，大多是表示对你的“亲近”和信赖，说话人希望通过这句职场“黏合剂”来增强你和他之间的关系。

关于对方告诉你的消息，传不传出去是你个人的问题。因为不同的场合，“我只告诉你”的弦外之意大大不同，一不小心传错了就会毁掉你的前程。所以，在职场中一定要区分开哪些“我只告诉你”可以传，哪些不可以传。

一、你的客户对你说“我只告诉你”

如果你代表公司和另一家公司的销售经理进行谈判，在双方会晤的休息环节，谈判的销售经理说：“咱们合作很多次了。所以这次我只告诉你，最近我们公司的这个促销计划是限量的，错过了就……”听到这里你也许会心动，但事实上，他家的促销计划是越多越好。为了表示他很重视你这个客户，让你因为不好意思辜负他而尽快出手，就利用了这句话的暗含意思撒了个小谎。

当然，这样的话你自然不能回去告诉你的老板。因为你不知道他说的话是真是假，只要你做到了自己的本分，很好地完成任务就可以了。否则，如果“我只告诉你”是真的，那你的客户也不会告诉你了。

二、你的上司对你说“我只告诉你”

一位上司会把常常不服从工作安排的下属叫进办公室：“最近公司高层开了会，讨论 ×× 问题，你对这件事有什么看法？”下属听到上司的话心里会很高兴，因为自己听到的事情相当重要，在公司的茶水间传了很长时间都只是猜测的结果。在控制自己兴奋的之余，下属略作思考，给了上司自己的意见，而在以后的工作中，因为上司的“泄密”，自己有了很强的受重用的意识，所以工作起来十分积极。

上司是为了“收服”叛逆员工而利用了公司的情报。一个聪明的员工即使知道自己被上司“控制和利用”了，也不能把这个传言散布出去。否则，这会给上司带来麻烦，而对于下属来说也失去了升职的机会。因为无论走到哪里，都会有人知道他是泄露上司秘密的人，有谁敢重用这样的下属呢？

三、你的同级同事说“我只告诉你”

如果“我只告诉你”来源于你的同事，也不要大意。即使是同事的话也不能随便说，比如，关于上司的传言。而一些不损害他人形象的小道消息，传与不传无所谓的话，你可以和其他同事说，但是不要夸张走样。否则，这会让人觉得你是一个好夸大事物的家伙，同事有事情也不会再告诉你了。

值得注意的是，在各种“我只告诉你”中，有的消息是假的，有的是真的，所以你在听到消息的时候要严格过滤，及时区分真伪。一般来说，人事部和财务部是这些“消息”的来源。如果你从财务部好友那里得到“公司最近效益不好，资金吃紧”的消息，那你就要好好表现了，防止自己被当做“出头鸟”裁掉。当然，你也可能会被某些人传言将被提升，而你的老板最近也对你十分关心，那么，“我只告诉你”就很可能是真的，继续好好表现吧！

◆ 如何让人看不穿你

单独一人时让人看不透，恍惚时看不透，劳累时看不透，仓促匆忙时看不透，担忧害怕时看不透，责任重大时看不透，我认为这一定是圣人。

“如果将魔术的秘密全部公开，那么魔术的魅力便丧失殆尽。”在许多人心里，如果轻易被别人看透是一件很失败的事。因为轻易被人看透，通常来说意味着一个人没有深度和内涵。在复杂的人际关系和激烈的社会竞争中，一个没有城府的人意味着没有机会，谋略和城府是必不可少的成功要素。

三国时期，孙权和刘备欲联合对抗曹操，曹军大兵压境，刘备派诸葛亮前去东吴与周瑜共商计策。两人谁也不愿先说出对付曹兵之计，最后两人同时伸出一只手，发现写着相同的字“火”，大有英雄所见略同之感。诸葛亮和周瑜都是极具城府之人，两人在摸不清对方底细的情况下，谁也不敢随便开口。

要让人看不透，很重要的一点就是做事用脑子，话多无益，谨言慎行。讲话要分清楚对方是谁，明白对方的目的，不要只顾一时痛快，为博别人的一时欣赏而信口开河，讲一大堆掏心窝子的话，让对方摸清老底。也就是说，要有一种谦虚的心态，要沉得住气。

遇事不要急于下定论，要换个角度，多方位思考。即使有了答案，也要想想有没有更好的解决办法。不要想当然，不要有“理所当然”的念头，一个直脑筋的人是别人一看就透的，也最容易被人利用。

做一个能忍之人。凡大人物，无不是宽宏大量、有长远眼光的人。尤其是对于小人，要大人有大量，不怒不火。任其兴风作浪，我自面不改色，别人就不会知道你的真正想法。天下唯小人难养也，切忌不要与之硬碰硬，做到心中有数即可。你完全可以装做什么也没发生，然后来个明修栈道、暗度陈仓，用以毒攻毒之计惩治小人。

做到与人为善，以德服人；远离是非，修炼自己。人生总是有高潮、有低谷，培养自己淡定乐观的心态，得到时不忘乎所以，失去时不怨天尤人。以包容心与人相处，能容难容之人、做难做之事。

简单来说，修身养性、提升自我，你就能成为一个让人看不透的有深度的人。

第五章　为什么那些无功也无过的人地位最稳固

为什么那些什么都不说、什么都不做的人，无功也无过，地位反而最稳固？为什么有的人做得很棒却得不到重用？其中究竟隐藏着哪些不为人知的秘密？

◆ 地位稳固的秘诀

世界上存在一种奇怪的现象：那些什么都不说、什么都不做的人，无功也无过，地位最稳固；而有的人做得非常棒，却得不到上司的重用，甚至稍稍有一点儿疏漏就会遭到上司责骂。这其中究竟隐藏着哪些不为人知的秘密？

究其原因，就是前者深谙人情世故，知道什么时候该说，什么时候不该说，知道如何做才恰到好处。他们的一举一动都符合为人处世的黄金标准——中庸之道。而后者则固执己见，在复杂的人际关系中晕头转向，不知自己身在何处，为了图一时口舌之快，得罪了不少人，最终招致“杀身之祸”；或者逞一时之强，偏激猛进，直至步入人生的死胡同，在墙上撞得头破血流，脑浆涂地……用一句话概括，就是说话做事欠策略。说不到点子上，说了也白说；做事不到位，做了也白做！

为什么会这样呢？其实很简单，我们要注意到社会上有这样一种人性规律：十句话有九次都说得对，未必有人称赞你；但是如果有一句话没说对，就会受到众人的指责。十种谋略有九次成功，人们不一定把功劳给你，但是如果有一次谋略失败，那么批评、责难之声则会纷至沓来。

这就是君子宁可保持沉默也不浮躁多言、宁可装做笨拙也不显露机巧的原因。

乱吃东西可以死人，乱说话可以遭祸，此话虽俗，却是真理。在现实中，我们一般不会乱吃东西，更多的是说话办事上的错误。

不懂人情世故，胡乱说话确实会让人多走弯路，甚至会撞得头破血流。

三国时期的祢衡年少才高，目空一切。建安初年，二十出头的祢衡初到许昌，有人劝他结交陈群、司马朗。祢衡说：“我怎能跟杀猪、卖酒的在一起？”劝其参拜当时的名荀某、赵某，他回答道：“荀某白长一副好相貌，如果吊丧，可借他的面孔用一下；赵某是酒囊饭袋，只好叫他看厨房了。”这位才子只与孔融、杨修意气相投，尽管如此，他还对别人说：“孔是我大儿，杨是我小儿，其余碌碌之

辈，不值一提。”可见，他乱说话到了何种程度！

献帝时，曹操召见祢衡。祢衡看不起曹操，抱病不往，还口出不逊之言。曹操求才心切，为了收买人心，还是给他封了个击鼓小吏的官。一天，曹操大会宾客，命祢衡穿戴鼓吏衣帽当众击鼓为乐。祢衡竟在大庭广众之下脱光衣服，赤身露体，使宾主讨了个没趣。曹操恨祢衡入骨，但又不愿因杀他而坏了自己的名声。

曹操心想：像祢衡这样狂妄的人，迟早会惹来杀身之祸，便把他送给了荆州的刘表。祢衡替刘表掌管文书，颇为卖力，但不久便因乱说话得罪众人。刘表也聪明，把他打发到江夏太守黄祖那里去。祢衡为黄祖掌管书记，起初干得也不错。后来黄祖在战船上设宴，祢衡说话无礼受到黄祖呵斥，祢衡竟顶嘴骂道：“死老头，你少啰唆！”黄祖是急性子，盛怒之下就把他杀了。此时，祢衡年仅26岁。

不怕没文化，就怕乱说话。祢衡的文化不可谓不高，但他以一点儿文墨才气便看轻天下人，到处乱说话，最终因一言不慎冲撞权势人物而被杀。这就是乱说话的下场，很多时候，十个正确抵不了一个错误。话说多了，总会有出错的时候，因此说话做事之前须先冷静判断，哪句话不该说，哪件事不该做！

《菜根谭》中说：“处世不必邀功，无过便是功；与人不求感德，无怨便是德。”意思是，为人处世不必想方设法去追逐名利，只要能够做到不犯常识性的错误就是最大的功劳；施舍恩惠给别人不必要求对方感恩戴德，只要别人没有怨恨自己就是最好的回报。那些深谙人情世故的“人精”都很明白这个道理，他们处处小心，保证自己不在为人处世中犯傻。

说得多，做得多，暴露出来的错误也就越多。内心的真实想法就会暴露，让人轻易抓住你的弱点。就这样，你不知不觉成为别人的眼中钉、肉中刺，他们自然会想尽办法整你。比如在单位内部，一些同事看你出错的时候，会抓住你的把柄跑到上司那里说坏话，将你的缺点无限放大。上司如果不是明白人，就会对你举起大棒，于是你就会因多说话、多做事而遭受打击。

说错话的危害比闭紧嘴巴不说话还要大。由此可见，我们为人处世的时候，一定要牢记：能说不代表会说，只有在该说的时候说，不该说的时候沉默，才真正称得上聪明和有口才！

某外贸公司新来了一位美女，震惊了整个部门，大家都讨论与她有关的一切话题。这天，几个同事聚到王晋的跟前，让他帮忙分析一下这个美女的来路。

王晋被问得实在烦了，就随口说了句：“你们真是笨，难道没注意吗？她经常从老板的办公室门口经过，有时还会进去待一会儿。而且，经理见了她都要主动点头微笑！”

“哇，原来如此！”同事们张大嘴巴，像听到一个天大的秘密似的，兴奋至极地走开了。

王晋并没把自己的这句话当回事。但次日中午刚下班，女孩就一脸严肃地把他叫到公司的会客室，把门关上，瞪着一双愤怒的眼

睛质问他："你昨天瞎编什么？"王晋晃着脑袋想了想："没有啊，怎么了？"女孩"哼"地冷笑一声："你是不是不编故事就活不下去，为什么说我是老板的情人？"王晋出了一身冷汗，这才想起昨天自己的一句敷衍之语，没想到一传十、十传百，传到女孩耳中竟成了"她是老板的情人"。

他急忙道歉："对不起，我不是故意的，只是跟他们开玩笑。而且，我只是实话实说，说你经常去老板办公室而已，'你是老板的情人'绝对不是我说的。"事情到了这一步，越解释只会越说不清楚。事实上，女孩确实跟老板有关系，只不过并非"小蜜"，而是老板的小女儿，刚从国外留学回来，想悄悄在公司实习一段时间。

千万不要以为自己年轻就可以信口开河，千万不要因为缺乏经验就放纵自己成为让人讨厌的大话筒。一个聪明的人懂得独善其身，懂得沉默的力量，这样才会让人刮目相看！

俗话说："世事洞明皆学问，人情练达即文章。"中国人自古就讲究说话和办事的"度"，这个"度"就是恰到好处。在倾听与回应、幽默与玩笑、赞美与批评、拒绝与答复、说服与劝导、辩解与圆场、问话与答话中，掌握了这个"度"，你就会在激烈的竞争中立于不败之地，要想成功自然也就水到渠成。

有个公关经理在外面偶遇多年不见的朋友，两个人去饭馆喝酒。他被几句好话和几杯好酒灌得迷迷糊糊，把自己正负责的项目全盘托出。没想到的是，这位老友如今已是竞争对手的公关经理了。公司的商业机密就这样轻易地被窃取，他因此被解雇了。

我们一定要牢记：话多不是福，沉默才是金！谨言慎行未必能保证你万事无忧，但至少是一种聪明的处世态度。宁可成为别人眼中笨拙的人，也不要成为一个自作聪明的人。整天抖机灵、耍心眼，把自己树为别人打击的靶子，这不是傻蛋是什么？

下面是几条必须掌握的人情世故，希望能对你有所帮助。

1. 与你交流的人哪怕是个保安、捡垃圾的、端盘子的，也要用亲切的语气说话，千万不要瞧不起任何小人物。要知道，小人物在关键时刻可以帮大忙。与人为善才能交到各种各样的朋友，才能让朋友真正感受到你的魅力，从而甘心协助你。

2. 积极主动帮朋友的忙，细节上要人性而周到。很多时候，你不要等朋友有事张口求你的时候才出手，在平时就要多关注朋友的需求，并在日常生活中给予理解和帮助。同时，当与朋友相处的时候，即使你不是服务人员，也要懂得倒茶等基本礼仪，让朋友感觉到你的殷勤和呵护。

3. 不要动不动就说大话和许诺。要知道，你并不能百分之百保证自己能做到某件事，在没有把握的时候不要说绝对许诺的话，否则到时候办不到，你就失去了朋友的信任。所以，用“争取”与“尽量”等模糊的言辞来答应对方，这样即使你办不到，对方也不会怪你；如果能办到，就能超出对方的期待。

4. 不要与人争执。不管你多有理，不管你的证据多么充分，都不要与人争论。你想：即使你争论胜利了又如何？何必因为口舌的输赢而搞坏你周围的关系？这样就得不偿失，不知道什么才是重要的。

◆ 让对方做主角，自己心甘情愿当配角

如果我问你，你喜欢当配角吗？

估计大家都会摇头。确实如此，每个人都喜欢出风头，世界上没有人甘心当配角。这是人性最大的虚荣心理。

但是，一部电影中往往只有一个或两个主角，这个主角该由谁来扮演呢？自然是最合适的人出演，这样的话，做主角的只是那么一两个，多数人都只能出演配角。

在社会交际中，我们也常常面临着是做主角还是做配角的选择。当然，每个人都希望自己能够出演主角，这是人的一种自我表现的本能。但是你不可能永远做主角，大多数时候你都将以配角出现。在一些特别的社交场合中，有些聪明的人总会心甘情愿当配角，让对方当春风得意的主角。对他来说，这并不是一种失败，甚至可以说是一种策略性的胜出，他让出的只是一个主角的虚名，而赢得的是真正的实惠。

真正聪明的人总能一眼看出这其中的诀窍。事实上也确实如此，如果你想赢得别人的好感和信任，最巧妙的办法就是让他做主角，而你心甘情愿地当配角。你满足了他的表现欲，他就会满足你的一切。比如你想与某个重要人物结交，或是有什么事需要朋友帮助，

这时你就需要把主角让给对方，让对方过一把主角瘾。等满足对方的心理后，他就会配合你，心甘情愿地帮你解决难题。

三国时期，有一单“生意”可称得上经典之作，那便是“三顾茅庐”。刘备听说南阳诸葛亮有经天纬地之才，于是亲自前往相邀。一顾茅庐，诸葛亮避而不见，张飞耍起了牛脾气，大骂诸葛亮，可刘备制止了他；二顾茅庐，诸葛亮仍不相见，一向稳重的关羽也捺不住性子了，可刘备仍然毕恭毕敬，以表诚意；三顾茅庐，诸葛亮故意刁难迟迟不与相见，三位当世英雄站在阶下几个时辰，最后诸葛亮才答应出山。

这里刘备把诸葛亮捧为前台明星，心甘情愿做配角且毫无怨言，诸葛“村夫”过足了“主角瘾”。但刘备更是个聪明人，他做了一回配角，却赢得了三分之一的天下，可谓赚大了。生意场上也是如此，人们都希望被尊重，特别是一些已经有了较高社会地位、有所建树的能人学者，往往都有一丝清高和些许傲气。与他们交往时就必须礼让三分，让对方当一回“主角”，一旦你的诚心感动了他们，他们会加倍地信赖你，以各种形式来回报你的真诚。死心塌地的创业同伙、做事专注的得力助手都是这样来的。

如何把主角让给对方且“让”得不露痕迹呢？以下几点是需要注意的：

一、主动为你的“上帝”服务

一个关键人物可能就是改变你命运的“上帝”。当你遇到了自己

的“上帝”，一定要抱着主动为之服务的心态，了解“上帝”的爱好、习惯、性格等，这是最基本的步骤。在此基础上，为其量身打造一段主角的情节，对方很快就能入戏，你的“生意之戏”将进行得有声有色。

二、时刻保持低姿态，让对方备受尊崇

如果你想把生意做成，尤其是一单大生意，你就得时刻保持着低姿态，表现得谦虚、平和、朴实、憨厚，甚至愚笨、毕恭毕敬，这样对方就会感到备受尊崇，心理上会有一种极大的满足。其实，你的低姿态只是一种表面现象。世界上一流的企业家都是大智若愚型的，为什么呢？就是因为他们遵循了这条规律：低调做人，高调做事。因此，要想把事办成，把生意做好，你不妨常以低姿态出现在别人面前。别人有了安全感，你才能有安全感！

三、不要自以为是，让别人丢面子

在社会上混，如果你只顾及自己的面子，而不顾别人的面子，最终你会在真正的利益上吃大亏。这种情形在官场、演艺圈尤其常见。

英格丽·褒曼因为在《东方快车谋杀案》中的精湛演技而获得奥斯卡最佳女配角奖。在领奖的时候，她一再称赞与她竞争最佳女配角奖的弗伦汀娜·克蒂斯，认为真正的获奖者应该是这位落选者。她十分真诚地对弗伦汀娜·克蒂斯说：“原谅我，弗伦汀娜，我本来没有打算获奖的。”褒曼获得了最佳女配角奖，然而她并没有喋喋不

休地夸耀自己的辉煌成绩，而是对差点儿抢走自己奖杯的对手推崇备至。这样既维护了对方的面子，也显示了自己豁达的胸襟。

对于出来混的年轻人，这一点尤其要重视。年轻人常犯的毛病是自以为有见解，自以为有口才，逮到机会就大发宏论，把别人批评得脸一阵红一阵白，自己则大呼痛快。这种举动正是在为自己的祸端铺路，总有一天会吃到苦头。

◆ 伤什么都不要去伤别人面子

对一个中国人来说，生命有多珍贵，面子就有多宝贵。你给他面子，他就会给你一切；可如果伤了他的面子和自尊，他就会对你恨之入骨，彻底把你放在他的对立面！

一位十七岁女孩好不容易找到在高级珠宝店当售货员的机会。在圣诞节的前一天，店里来了一个中年男人，穿着破旧，满脸悲伤，眼睛一直盯着那些高级首饰，似乎非常想买一件回去。

这时候，女孩接了一个电话，其一不小心把一只碟子碰掉了，将六枚钻石戒指打落到地上。她慌张地去捡，发现只剩下了五枚。她一抬头，发现那个中年男人正急忙往外走，她顿时意识到戒指被他拿去了。

当那人快要出门的时候，女孩柔声道："对不起，先生！"男子转过身来，两人相视有几十秒之久。"有事吗？"男人在说话的时候，脸上的肌肉在抽搐。

“先生，这是我头一回工作，现在找个工作很难，想必您也深有体会，是不是？”女孩神色黯然地说。

男人看了小女孩很久，笑了：“没错，找个工作很难！但是我能肯定，你在这里会做得不错。我可以为您祝福吗？”他向前一步，把手伸向女孩，将戒指还到女孩的手里。

“谢谢您的祝福！我也祝您好运！”女孩说道。

女孩因为给了那男人一个台阶，使他可以全身而退，从而保住了这枚戒指，也保住了自己的工作，就这样轻松化解了一起窃盗案。如果小女孩不这样做，而是大喊抓贼，结果就可能变得非常糟糕。人活脸，树活皮，当你不给别人面子的时候，自己的处境也必定极其艰难。

面子是个什么玩意儿呢？就是一个人在众人眼中的形象。给别人留下好的印象，别人对你赞扬，对你恭维，称为“有面子”；给别人留下不好的印象，别人对你否定，对你批评、漫骂，称为“没面子”。

“良言一句三冬暖，恶语伤人六月寒。”有的人好心没有得到好报，大都是因为他在提意见的时候，没有真正意识到别人也是需要面子和自尊的。《菜根谭》中说：“人之短处，要曲为弥缝，如暴而扬之，是以短攻短；人有顽固，要善为化诲，如忿而疾之，是以顽济顽。”意思是，当我们发现别人的缺点时，要懂得委婉地为人家掩饰。如果故意暴露宣扬，那就是在证明自己的无知，是用自己的短处来攻击别人的短处；对于别人的固执要善于教诲劝解，如果因为别人的固执而怨恨，这不仅不能使他改变，同时还等于用自己的固执来对抗别人的固执。

这就要求我们在为人处世的时候，一定要懂得保全对方的面子。如果不照顾对方的情绪，一味撕破脸皮，双方肯定会发生冲突。哪怕以前的关系再铁，也将在眨眼间搞僵。

一对情侣坐公共汽车去郊外旅游，因为琐碎小事，刚才还柔情蜜意的两个人转眼间就发生了争执。女孩大声地说："喜欢上你这个穷鬼，我真是倒了八辈子霉了！"车里人很多，女孩的声音又很大，大家都侧目观看，窃窃私语。

当着这么多人被骂穷鬼，男孩怎么受得了？他尴尬地看了眼众人，然后挥手打了那女孩一个耳光，在下一站独自下车离开了，留下女孩一个人孤零零地坐在车里哭泣。

当我们批评、指责别人的时候，一定要顾及对方的面子，否则我们就是一个自以为是的傻蛋。一个热情的人往往能够善待自己，对待别人也同样温和仁厚；而一个冷漠淡薄的人不仅处处刻薄自己，同时也处处刻薄别人，于是事事显得枯燥无味而毫无生机。真正聪明有修养的人，在为人处世方面既不过分热情奢侈，也不会过度冷漠吝啬。

另外，我们还要看对方是否能接受批评或提议。如果对方在心理上有很强的排斥倾向，哪怕建议再好，起到的作用实质上为零。

就像教育辅导，父母总希望孩子做到最好，于是弹钢琴的时候，两三个音节不对就大训特训；练书法，几个字没写好就大骂“笨蛋”。这就是对孩子的面子缺乏基本的尊重和重视。这样下去，孩子的逆反心理必定越来越强，哪怕提供再好的精神营养，孩子也是越教越坏。要知道，孩子的学习是个循序渐进的过程，怎么可能一夜建成罗马城呢？

在批评或提议时，我们不妨柔和一些、渐进一些。正如《菜根谭》中所说的“思其堪受”“使其可从”。站在对方的立场上，根据当时的具体情况，在对方能接受的前提下进行交流，这样才能达到积极的效果。

切忌用情绪化的方式批评别人，千万不要轻易评价对方的人格、兴趣与家庭教养。批评时若能提供解决方案，就更加具有建设性。批评时，也不要忘记肯定别人的长处。此外，如果批评时能采用幽默的方法，收到的效果往往会更佳。

◆ 疑心生暗鬼——不要看谁都不像好人

有个乡下绅士来到城里看牙医。医生说要打麻药，那位绅士马上掏出他的钱包。牙医说：“先生，现在不用付钱。”绅士回答：“哦，我只是想确定一下被麻醉前还有多少钱。”

这位绅士就犯了疑心过重的毛病。当然，在险恶的社会上行走，保持警惕性是很有必要的，但如果过度就成了“天下本无事，庸人自扰之”。

“天下本无事，庸人自扰之”出自《新唐书·陆象先传》。后来变成我们常说的“世上本无事，庸人自扰之”。陆象先经常对人说：“天下本来没有那么多事，只是庸人自找烦恼，把事情越弄越复杂。处理问题只要能弄清是非，正本清源，事情自然就简单了。”人生中的不幸和祸端大都因多心而起，如果一个人凡事多心就会“疑心生暗鬼”，本来很正常的事也会弄出风波来。

记得曾在某报读过这样一则新闻：一个自卑的丈夫因怀疑漂亮的妻子有外遇，整天心神不宁，上班的时候瞎琢磨：她都去哪儿了？做了什么？然后回到家就开始像审问罪犯似的，对妻子这一天的行踪刨根问底。妻子当然受不了，就跟他吵架。彼此失去了信任，关系越来越疏远，最后到了水火不容的地步。

后来妻子无法忍受，郑重地跟他提出离婚。这时候丈夫的疑心一下变成了“现实”，觉得妻子果然背叛了自己，一定是想跟外面的小白脸远走高飞，现在想一脚把自己给踹了。由疑生恨，由恨生怒，于是当天晚上就对妻子实施暴力谋杀。等他戴上镣铐，读到妻子写下的日记后才明白，原来妻子在一家广告公司做兼职，为经营这个家一直奔波劳碌。自卑的丈夫这才醒悟：原来错的那个人是自己，因为自己的疑神疑鬼彻底毁掉了美满幸福的家庭。

由于多心和疑神疑鬼，本来很简单的一件事被搞得越来越复杂。就好像一根简单的毛线被我们绕来绕去，结果绕成了解不开的

乱线团。

烦恼和灾祸就是这样产生的。如果一开始我们就保持多一事不如少一事的心态，很多麻烦和悲剧就能避免。

古语曾说："相由心生，相随心灭。"如果你看谁都不像好人，那么你一定会成为众人眼中的"恶人"。你对别人有猜忌，怀疑这儿，猜测那儿，别人发现你的这种心理后，第一，会主动疏远你；第二，有好处也不念着你。你看，猜忌之心轻易就让你变成孤家寡人了。

一个人如果陷入多心的境地，就会变成不可救药的"庸人"。这个时候，心里想得多了，迷惑自然就会多，一旦理智失控，就会为自己惹来是非和灾祸。友情、爱情、亲情都会被搞得鸡犬不宁，生活充满了痛苦。这样的人生不是我们想要的！

人与人之间的关系就是这么微妙。本来很简单的事情，因为多心，或许就会演化出你根本预料不到的局面。事后回想，就会发觉责任其实全在自己，还不如避开起初的那一事呢。可是世上没有卖后悔药的，所以越来越多的人免不了因多心而招祸。

我们该如何调整自己的这种心态呢？郑板桥有四个字广为流传："难得糊涂"，这四个字不失为一剂良药。生活中，我们不妨多琢磨、多体悟这几个字。何时糊涂，何时又聪明？怎样才不多心，如何才能少事为福？这就需要我们谨守自家田、莫管他家事，尤其是别人的私事更不要瞎掺和。除非对方在做违法之事，否则还是睁一只眼闭一只眼，让他们自己解决为好。

《菜根谭》中说：“福莫福于少事，祸莫祸于多心。”意思是，最大的幸福莫过于没什么琐事可牵挂，最大的灾祸莫过于疑神疑鬼。只有琐事缠身的人才知道少一事的好处，只有平心静气的人才明白多心猜疑是最大的灾祸。

同时我们还应该明白，多一事不如少一事，并非让我们不干事，而是让我们不操无谓的闲心，干好自己的分内事。也就是说，要用最简单的方法将最复杂的事情处理好，而不是因自己的多心多事，让原本简单的事情变得一团糟。

◆ 恩要自淡而浓，威需从严至宽

我的笔记本上记的这样一段话对我触动很大，始终作为我处理人生事务的一个原则。这段话是这样说的：“恩宜自淡而浓，先浓后淡者，人忘其惠；威自严而宽，先宽后严者，人怨其酷。”意思是，我们给人恩惠应该从淡薄到浓厚，如果开始浓厚而逐渐淡薄，那么人们就容易忘掉你的恩惠；树立威信要先严厉而后宽松，如果先宽松而后严厉，人们就会怨恨你的冷酷。

结合后来的人生经历，我发现这是深谙人性的至理名言。

相信类似下面的情况你也经历过不少。

冬天下雪的时候，一个快饿死的乞丐躺在街角的阴冷处可怜巴巴地望着路人。有一位农夫实在不忍心，就把刚买来的鸡腿送给了他。乞丐感激涕零，拿过去就狼吞虎咽，吃完了还跪下给他磕头。没几天，农夫又经过那里，乞丐见他来了，眼睛顿时一亮。这次农夫给了他一个热乎乎的饭团，希望他能填饱肚子。没想到，乞丐失望地摇摇头，像看吝啬鬼一样瞪着他，十分不情愿地接过饭团，说他是小气鬼，诅咒他活不过这个冬天。

农夫回到家气得睡不着觉。老婆听他讲了事情的原委，对他说："人心就是这样，永远不知足。如果你先给他一个饭团，再给他鸡腿，他一定很感激你。"

这就是阶梯递进心理在作怪。如果同时有两种食物，先吃美味佳肴，后吃粗茶淡饭，就会发觉难以下咽；反之，就会觉得这餐饭吃得很香甜。

在驭人过程中同样如此，老板先给员工一个下马威，让他们看到自己严厉的一面，日后管理起来就比较容易。若开始宽松地要求他们就会惯出毛病来，当你再想上紧发条的时候，难度已经增加了百倍，他们对你的严厉会非常反感。

有人听到这样的分析，或许会认为帮助别人竟然还不讨好，那么我们就不要帮助他们好了，有了恩惠自己留着，何必给他们讨嫌呢？这样的观点显然是错误的，因为我们绝对不可忽视帮助他人在人际交往中的重要作用。凡是真正聪明的人都懂得，给别人小恩小惠是开拓和巩固人际关系的"常规武器"。一个从不帮助别人的人，很难想象怎么能在这个社会上吃得开？因为人情就是财富，让别人欠你一个人情就等于写下了一张不定期归还的欠条，将来一旦有机会，别人肯定会加倍地还给你。但是，帮助别人也绝非饿虎扑食，不分轻重、不讲策略地扑上去这么简单。像上面这位思想单纯的农夫，虽然做了助人为乐的好事却得不到好评，原因就在于第一次给得太多、太好了，反而提升了乞丐对他第二次施舍的期待。

《菜根谭》中有这样一段话："千金难结一时之欢，一饭竟致终身之感。盖爱重反为仇，薄极反成喜也。"意思就是，用千金来馈赠他人，有时难以打动人心换得一时之欢喜；相反，有时候一顿饭的恩惠却能使人终身感激。这是因为有时过分的关爱反而变成仇恨，而一点小小的恩惠反而容易讨人欢心。善于运用小恩小惠的技巧，会让你在人际交往中如鱼得水，游刃有余。

小恩小惠实际上就是一种感情投资，最好的时刻就是在别人最需要帮助的时候雪中送炭。大家都送的时候，你的作用就显现不出来，别人也无从感受到你的诚意，但是在危难时送，他就会感激你。在困难中得到了帮助，他将会记得长久，感受最为深刻。古人云："滴水之恩当涌泉相报。"为什么要报？因为如果没有这滴水，可能就会没命了，这滴水就是活命之水。宋江为什么能得到梁山好汉的尊敬？就是因为他总是在别人最需要帮助的时候出现，以至人们称他为"及时雨"。在情感投资中，及时非常关键，帮得早不如帮得巧。

20世纪70年代初，香港的塑胶业出现了严重危机，因为石油危机波及香港，香港的塑胶原料全部依赖进口。而此时的进口商趁机垄断价格并抬高物价，致使许多厂家停产，濒临倒闭。在这个关键时刻，李嘉诚出现在风口浪尖，他倡议数百家塑胶厂家入股组建联合塑胶原料公司，并由联合塑胶原料公司出面与国外原料商直接交易。由于他们现在的需求量比进口商还大，所以购进的原料价格降低，并按实价分配给股东厂家。于是，进口商的垄断局面被打破了。之后，李嘉诚还将长江公司的十三万磅原料以低于市场价一半的价格卖给了一些濒临倒闭的厂家。在这次危难中，有几百家塑胶业的厂家得到了李嘉诚的帮助，他因而被称为香港塑胶业的“救世主”。从此以后，他在业内的威望更高，自己的生意也越来越顺利。

最高明的情感投资就是急人之难，是雪中送炭，而不是锦上添花。如果你能在别人最需要帮助的时候出手，那么你就成了他的恩人。什么时候你有了困难，别人肯定会在重要时刻助你一臂之力。在与人交往的时候，我们总是想从别人那里得到什么东西。事实上，要想得到必先施予，但施予也要讲究技巧，并不是所有的给予都会有效果。对别人的帮助，雪中送炭比锦上添花好。如果别人这个时候不需要帮助，为了表示你的友好，你非要主动帮忙，这样就收不到应有的效果，别人反倒以为你是故意要让他欠人情，并不是真心实意的帮助。

由此可见，施恩应该从小到大，不可一下就满足对方，否则会惯坏他的胃口，导致你后来的帮助失去意义。同时还要记住不可过于直露，以免对方感到不好意思，导致脸上无光。另外，如果别人帮过我们什么忙，也不要傻乎乎地四处张扬，这样会使对方陷入尴尬的境地。

不管是在工作还是在生活中，做人做事都应该有一个循序渐进的过程。不能一开始让别人吃鸡鸭鱼肉，到后来慢慢让别人吃糠咽菜，这只会把自己之前对别人的好全部毁掉。

立威从严至宽是什么意思呢？就是说，你在树立自己威望的时候，切不可一开始就与下属嘻嘻哈哈，这会让他们觉得你并不比他们强多少，从而在工作中不会认真对待。这时候，需要一开始就给他们一个下马威，让他们知道你的厉害，然后再慢慢放宽尺度，让他们感激你的退让和随和。

这可以说是高深的驭人技巧，也可以说是最实用的处世智慧——每一个欲做大事的人都要懂得。

◆ 做人要中庸，做事要一流

读大学的时候，我很不喜欢孔圣人，认为他的中庸之道是鼓励抹杀个性，势必造成平庸之辈的泛滥。等后来步入社会，我越来越体会到中庸之道的真正价值。刚入社会时天不怕地不怕，总想表现自己最强的一面，什么都想做、都想争，结果不仅吃尽苦头，而且还遭到周围人的白眼和冷笑。残酷的现实让我明白：为人处世，中庸必不可少。中庸是为人处世的法宝。

对于什么是中庸，并不是人人都了解。宋朝的程伊川先生说：“不偏于一边的叫做中，永远不变的叫做庸。中是天下的正道，庸是天下的定理。”所以，中庸也就是合乎规律，符合规律也就是符合“道”。所谓中庸，从哲学上讲就是一个做人做事的“度”。

中庸之道要求我们为人处世恰到好处。在做人方面，《菜根谭》有过这样的要求：“气象要高旷，而不可疏狂；心思要缜密，而不可琐屑；趣味要冲淡，而不可偏枯；操守要严明，而不可激烈。”一个人的气度要高远旷达，但是不能太狂放不羁；心思要细致周密，但是不能太杂乱琐碎；趣味要高雅清淡，但是不能太单调枯燥；节操要严正光明，但是不要偏激刚烈。具体来说，就是看待问题要有一个合理客观的尺度，不偏不倚。

我经常听朋友说做生意的关键就在于做人。人做得好，生意自然就做得好。但如何做人呢？如何把人做好呢？这正是我们所要讨论的。我认为做人要恪守中庸之道，只要我们做人恪守中庸之道，就不会偏激，我们的人际关系就会和谐，我们的朋友就会越来越多。这个世界之所以丰富多彩就是因为有各种不同的事物，有各具特点和特色的人。以中庸的态度做人，那么我们就能接受不同的人或事，就能忍受各种不同人或事物的刺激和激发。我们观察人或事物才会更加全面，得出的结论就会更加接近真理。

这个不偏不倚的中庸绝非“和稀泥”，而是公平与合乎理性。若是理解错误，效果可就差了十万八千里。有不少人对中庸理解错误，认为它就是提倡得过且过什么都不做。其实恰恰相反，中庸要求我们在做事的时候追求极致，一定要达到最好的效果。

有人问知名导演李安为何有勇气拍《色 · 戒》这样的限制级电影。李安这样回答："我的个性比较温和，一般不会做比较悲怆或者比较决绝的事情，可是我的勇气和诚意让我可以去触摸这些题材。在生活中，我不是一个爱走极端的人。我觉得做人可以很温柔、很中庸，但做艺术不能手软。这是我的个性，探索题材要大胆、要深入，言别人不能言，掷地有声！"

做事要一流，就是做事一定要走极端。古人说："取法其上，得乎其中；取法其中，得乎其下；取法其下，法不得也！"意思就是说，如果一开始的目标是一流，最后得到的结果可能只是中流；如果一开始的目标只是中流，最后得到的效果可能就是末流；如果刚开始的目标只是末流，那么你就会什么也得不到。这就告诉我们在做事情的时候，绝对不可采取中庸的办法。对于一件事，我们不仅要把目标定位在最上等，而且在实际的执行中也要尽量做到最好，这才是中庸要达到的效果。如果一开始就追求不上不下，结果肯定是什么都做不好。

现在许多人做事浮夸马虎、敷衍了事，每天早晨往单位的椅子上一坐，什么也不管，什么也不做，就知道当一天和尚撞一天钟。还有的人投机钻营、偷工减料，把工作当成谋取个人利益的平台。这样做事既称不上一流，也达不到中庸的要求，我们看看全国出现

了多少豆腐渣工程就知道了。有人开玩笑说，从楼顶使劲砸一块砖可以直接贯穿到楼底，这就是对于豆腐渣工程的辛辣讽刺。盖一座百年不倒的房子和盖一座二十年就要推倒重来的房子，其对质量的要求是完全不同的。

为什么日本人、德国人生产的产品那么受消费者推崇，就是因为他们做事有一流的态度，做工精细、一丝不苟。难道我们中国人的智慧比德国人、日本人差很多吗？非也！只是我们中国人实在过于“聪明”了，把做人要中庸的智慧错误地用在了做事上。实际上，在做事情时一定要追求一流，这两者岂能混为一谈？如果在本应认真做事的时候还玩“太极”，这不是忽悠全国人民、忽悠你自己吗？

真正懂得中庸的聪明人就会区别对待做人和做事，注重在日常生活中提升自己的格调，不偏激、不糊涂，以理性为基础，以公正为前提，以通达为尺度，从而实现做人与做事的双重成功！

◆ 诚信是最好的“还魂药”

在社会上混，现在大家普遍认为诚信最不值钱了。

有人摇头晃脑地说：“这年头还有谁值得信任啊？”确实，骗子无孔不入，让我们不由自主地都提高了警惕。但是从另一个角度看，正因为我们每个人都过度小心，看谁都不是好人，才导致了大家都没有安全感。

果真如此吗？

假如你能够反向思维一下，一切问题就清清楚楚了。当这个世界上出现了严重的信任危机的时候，诚信就是最宝贵的东西，如果你能够在恰当的时候正确运用它，你就是一个最聪明的人！你就能利用这把诚信的金钥匙打开世界上最丰富的宝藏，因为你手里拥有的诚信在别人那里都找不到。

这个道理很容易理解，就好像农民种庄稼，当大家都种植土豆，不愿意种植地瓜的时候，地瓜就能卖个好价钱。在信任空前缺乏的时代，如果你懂得诚信的运用法则，懂得在人际交往中什么时候应该诚信，什么时候要慎用诚信，那么你还愁自己在“人际市场”上没有好价钱吗？

芝加哥的一场大火烧毁了许多商铺，许多人在一夜间变得一无所有。惊人的是，有家商铺一个月后居然重新崛起，营业额也有增无减。原来这家商铺早年留下的诚信口碑让许多银行都愿意主动借款给它，而许多老顾客也都继续光顾。

在人生的旅途中，你可以丢掉一切，但是你绝不可以丢掉诚信。丢掉了诚信，终将丢掉一切。反之，如果有了诚信，你即使一无所有，也能转眼拥有一切。

我曾读过这样一则感人至深的故事。

公元前 4 世纪的意大利，一个名叫皮斯阿司的年轻人被判绞刑，马上要被处死。但他是个孝子，希望自己在临死之前能与远在百里之外的母亲见上最后一面，以表达他对母亲的歉意。

他的这一要求被告知了国王。国王被他的孝心感动，决定让皮斯阿司回家与母亲相见，但条件是他必须找一个人来替他坐牢，如果到时他不回来，就要杀掉替他坐牢的人。有谁肯冒着杀头的危险替别人坐牢？如果皮斯阿司言而无信就此逃之夭夭，代替者岂不是自寻死路？不过，皮斯阿司的朋友达蒙站出来说："我相信你，所以我愿意替你坐牢！"

达蒙住进牢房以后，皮斯阿司回家与母亲诀别。人们都抱着看热闹的心态关注着事态的发展，认为那小子一定会带着自己的母亲逃得无影无踪，怎么会回来送死？果不其然，皮斯阿司一去不回头，眼看刑期在即，连他的影子也见不着。人们议论纷纷，都说达蒙上了皮斯阿司的当，成了可怜的替死鬼。

行刑日是个雨天，达蒙被押赴刑场，围观的人都在笑他愚蠢，幸灾乐祸。但刑车上的达蒙不但面无惧色，还有一种慷慨赴死的豪情，好像这是一件美差，一点儿都不担心自己今天会被绞断脖子。追魂炮被点燃了，绞索也已经挂在了他的脖子上。有些胆小的人吓得闭紧了双眼，他们为达蒙感到深深地惋惜，那个出卖朋友的小人皮斯阿司实在太坏了。

就在此时，风雨中突然传来一阵高喊："我回来了！"皮斯阿司飞奔而来，他没有违背自己许下的诺言，也没有辜负好友达蒙的信任。这个消息宛如长了翅膀，很快便传到国王的耳中。他亲自赶到刑场，要亲眼看一看这位诚实的国民。当他验证了此事的真伪之后，亲自为皮斯阿司松绑，赦免了他的罪刑。

皮斯阿司值得我们肯定，因为他重信守诺。但最值得赞颂的是对朋友无限信任的达蒙，不管这位身为死囚犯的好哥们儿是否会真的上演“乾坤大挪移”，成功地利用自己逃跑，他都首先做到了“信任”两个字。自己以诚示人，相信朋友，在出现信任危机的今天无疑是一种优秀品质。

在社会上混，只有讲诚信的人才能立于不败之地，才有自己的生存空间。作为人类本性中最美丽的那朵花，诚信自古便被人们歌颂赞扬。不讲诚信的人只能是被人唾弃，陷入孤立无援的境地，哪怕家财万贯、位高权重，最终只能落个遗臭万年的下场。

我们必须明确一点：信任别人的人，虽然对方未必都诚实，但自己首先做到了以诚示人；怀疑别人的人，对方尽管未必是虚伪的，自己却先变成了虚伪的人。如果抱着这样的态度做人，必定处处树敌，如履薄冰。

一个人对什么都不信任，就会把周围的人当成假想敌，这样必然很难找到真正的朋友，同时还会让自己背负沉重的精神负担，长期生活在忧虑的氛围中。事实上，世人都愿意真诚，只是互相担心上当受骗而已。这时，只要你掌握了诚信的运用法则，尽最大可能去播种诚信，怀揣诚信为人处世，相信大多数人都会给你同样的回报，你也就因此多了一个新的朋友以及合作机会。

同时，我们也要注意，信任对方，并不是让你不问三七二十一

就完全信赖。如果有人利用你的真诚去作奸犯科，难道你也要毫不犹豫地投怀送抱吗？因此，我们一定要清醒地认识到，信任的前提是明辨是非。

◆ 混社会铁律——对事不对人

很长时间以来，我都信奉“对事不对人”这一处世原则。我相信很多人也和我有一样的想法。为什么呢？因为我们要客观地分析问题，在处理日常事务时针对的是问题本身，而不是某个人。参加工作以后，每当遇到难以解决的纠纷和矛盾，我都会想起这一处世法则，作为自己处理事务的准则。

关于这种处世法则，中国台湾作家柏杨曾以一个故事解释得淋漓尽致——俄国大作家托尔斯泰向一个乞丐施舍。朋友告诉他该乞丐不值得施舍，因他品格之坏在整个莫斯科都非常有名。托尔斯泰回答：“我不是施舍给他这个人，我是施舍给人道。”在法国有人说过类似的话，具体是“虽然我不同意你说的每一句话，但我却誓死捍卫你说话的权利”。确实如此，我们可以不同意一个人的做事方式，但是我们对这个人要保持尊重，因为他在人格上拥有天赋的人权和平等。

明朝万历年间，一个官员因手下一名小吏的工作犯了低级错误而对他严加批评，把他教训得狗血淋头、眼冒金星。但在回府的路上遇到他，官员又亲切地对他礼貌相待，真诚地关心他的生活所需。

小吏惭愧道：“我这么不称职，大人为何还如此礼待我？”官员笑说：“你的错在衙门之内，与衙门之外有何相干？”小吏听了很受感动。

这就是对事不对人的处世原则。对事不对人，无论事情做成什么样，这个做事的人在人格上跟自己是平等的。上班的时候有失误，不代表他下班之后可以继续被训斥。随着时间的流逝，错误可以更改，而原本不犯错的人也许会出错。正所谓：坏人可以变成好人，好人也能变成坏人。

人有贵贱之分，对坏人、弱者或自己不需要的人，许多人骨子里就带着轻蔑的态度，缺乏基本的尊重。可一旦见到强者、富人、名人，立刻就表现得十分殷勤，以崇拜者的姿态仰视对方，不拿自己的人格当回事，让受者不屑、观者不齿。这就是不懂做人做事之道的表现，这样的人处世是相当轻率的。

一个人今天是小偷，明天换个新环境可能就会成为勤劳能干的好人。而一个曾经勤政为民的好官，经受的诱惑多了，也有可能自甘堕落，变成腐败分子。所以，我们要用辩证思维来看待人和事——你可以指正评论别人做的错事，但绝不可看轻他的人格，不要把人一棍子打死。

为人处世最困难的就是做到对事不对人。对事不对人，不对人性进行扭曲、伤害，不对人作道德说教、评判，不对人的素质妄下推论、结论。只针对一个人做过的错事进行批评和指责，不是由于讨厌其本人，就把他做的所有事都批得一无是处。反过来看，对那些春风得意的成功人士，我们充满羡慕之情。这是一种很正常的情结，但如果过了头就成了谄媚，把自己放在了一个卑微的位置。这当然不是聪明人应该采取的态度。

要知道，一个人贬低自己不仅得不到对方的尊重，而且会遭到世人的耻笑——瞧，这人是个马屁精！这就是不对具体的事、只见人就妄下结论的不客观心态。谁能瞧得起一个总是点头哈腰的人呢？你自己选择仰视别人，就休怪他人俯视你！

◆ 混社会大忌——固执偏激

记得在中学的时候，教我们数学课的李老师为人疾“恶”如仇，原则坚定，最看不惯打架、偷懒和早恋的学生。纠正这些不良习惯当然是老师义不容辞的职责，但因为他过于坚持原则，任教后不到一周就闹出了人命。

一个早恋的女生和男同学在楼道偷偷接了一下吻，被他发现了。他一时火大，想都没想，就让这名女生罚站两节课，还把她的“丑事”当众讲给全班学生听，警告大家要引以为戒。这下可好，早恋的女生性格刚烈，忍受不了这种屈辱，直接从五楼跳了下去。

李老师就犯了走极端的毛病——这正是为人处世的大忌。操守严明是好事，但如果执行的时候过于激烈，不懂得根据具体情况灵活应变，就必然会造成致命的错误。让我们假设一下，如果李老师当时不声张，下午放学后单独跟这位女生谈谈心，用聊天的方式了解她的性格与真实想法，然后对症下药给出合适的建议，效果自然就会好得多。

在这个世界上，很多事情都没有绝对的对与错。如果固守一种模式，一味偏激地为人做事，固执到底就必然会走进偏激的死胡同。这样的人往往抱着教条原则不肯放手，将它强加在别人的身上，还自认为完全是为了别人好。其实，他已经犯了为人处世的大忌，他们不管活了多大年龄，也还是不懂人情世故。

有句话说："呼唤什么缺什么。"我们虽然呼唤中庸，在实际生活中却处处走极端。也正因如此，现在国家又提倡和谐社会，核心意思就是中庸，让人们不要偏激和走极端。圣人著书立传，言传身教，大力推崇中庸之道，我揣摩有可能就是感觉到这种走极端的危害，以圣人的慧眼洞察到如此下去将祸及后人，才下决心纠正。很遗憾，世世代代的华夏子民一面在学习着圣人的教诲，一面却不知其真谛，继续做着走极端的事情。

中国还有句成语叫做非此即彼，大意是说一个人在作选择时，要么这样，要么那样。而"这样"和"那样"之间的关系就是"是"与"否"的关系，似乎是难以调和的绝对对立。事实上，很多时候问题并不是如此绝对，我们总能从中找到一种中庸的处理方法。

美国著名的埃菲尔建筑公司在承建某山区一条铁道的过程中，就遇到一个比较棘手的难题。当工程进行到将近一半的时候，却在铁道的断头处发现了十几棵树，严重阻碍了他们的进度。

摆在他们面前的有两条路：一是用电锯把这十几棵大树彻底砍伐掉，给铁道让道儿。但如果这样的话，树上的鸟儿就将失去它们赖以生存的家园。显然，这有悖于公司一贯提倡的“环保、博爱”的宗旨。二是绕开这十几棵大树，重新选择区域修建铁道。如果这样做，既可以与公司的宗旨相吻合，又可以提高公司的信誉，在业界树立良好的社会形象。只是这样一来，公司则要在工程预算款的基础上多拿出很大一笔额外开支。

这确实是一个两难的选择。后来，副董事长约翰在联系不上董事长的情况下作出决定：为了维护公司的形象，宁愿花费巨额开支也要保护鸟儿的家园，绕道选择区域重新修建铁道。正当大家准备执行他的决定时，董事长劳斯顿从国外回来了。劳斯顿在听取了董事会的情况汇报后，毅然推翻了约翰的方案。当然，劳斯顿也没有选择第一个方案，而是让工程队将这些大树连根拔起，一棵又一棵地平移到距离隧道十英里的地方，并把它们培植起来继续生长。平移走这些树，一方面可以让公司的铁道工程继续进行下去，从而避免一笔巨额的额外开支；另一方面，又可以让小鸟继续拥有属于自己的家园，同时还保持了公司的经营宗旨，维护了公司的形象。

在现实生活中，我们经常会遇到要么“这样”或要么“那样”的选择，让我们头痛不已。这时候，我们试着想一想劳斯顿的这个小故事，辩证地处理一下“棘手”的两难选择，是不是会好一点儿呢？只要开动脑筋，你就能从这些看似只有走极端的情况下找到一种两全其美的办法。

规矩是死的，人是活的。如果总是带着“只有自己是对的，别人都有罪”的偏激思想去做人，必然遭到众人排斥。对我们来说，坚持某种为人处世的标准固然是对的，但如果变成一种偏激和固执，用教条的方法去执行，就会给他人造成伤害。许多事情都要视具体情况，采取灵活合理的方式去执行。

《菜根谭》中说：“躁性者火炽，遇物则焚；寡恩者冰清，逢物必杀；凝滞固执者，如死水腐木，生机已绝。俱难建功业而延福祉。”意思是，一个性情暴躁的人就像炽热的烈火，仿佛跟他接触就会被烧毁；一个刻薄寡恩的人就像寒冷的冰块一样冷酷，仿佛碰到他都会被无情地伤害；一个固执呆板的人，就像静止的死水和腐朽的枯木，没有一线生机。这些人都难以建立功业，造福于人。

“中庸”这个词，阐释的就是一种做人做事的基本态度。既让我们讲原则，又必须做到不偏不倚，居于中正，不管做什么事都不能太过分。另外，我们在处世中还必须懂得灵活变通，不能太依着自己的性子，而是要考虑实际情况，做事合情合理，做人适可而止。

第六章　真理往往在少数人手中——不要活在别人的眼睛和嘴巴里

群众的眼睛真的是雪亮的吗？

事实上，为大多数人所认同、接受、倡导的未必就是真理。真理往往掌握在少数人手里，成功也往往只属于少数人。如果大部分人认同的东西是对的，是真理，那么社会上的大多数人都应该是成功者。可为什么成功者始终是少数呢？

◆ 为什么会把谬误当真理

一只小狼无意中闯进羊群中，它很快就发现了自己的“与众不同”，因为它跟身边的羊长相、叫声都不一样。周围的羊显然对这只奇怪的家伙很不友好，因为它的行为方式是那么别扭，与周围的伙伴格格不入。结果，为了不让自己特别“显眼”，这只小狼就使劲地压低自己的嗓音，不伦不类地像羊一样在野外啃青草，它有锋利的牙齿，却不知道如何使用，甚至它还像羊一样害怕同类会袭击自己。

一个人做事就怕迷惑于事中却不自知，这样就可能会把谬误当成真理，把错误的当成正确的。

战国人所著的奇书《韩非子》中也曾记载过这样一件事。

庞恭对魏王说："现在，有一个人说街市上有老虎，您相信吗？"魏王说："难以相信。"庞恭说："有两个人说街市上有老虎，您相信吗？"魏王说："我有些怀疑了。"庞恭又说："有三个人说街市上有老虎，您相信吗？"魏王说："我相信了。"庞恭说："街市上明摆着没有老虎，但是三个人说有老虎，就像真有老虎了。如今赵国到大梁的距离比我们到街市远得多，而议论我的人超过了三个。希望您能明察。"魏王说："我知道该怎么办。"然后庞恭告辞而去。后来魏王果然听信小人的谗言，日益远离庞恭。

这则故事告诉人们，对人对事不能认为多数人说的就可以轻信，而要多方面进行考察，并以事实为依据作出正确的判断。

周末的时候，丽丽和男朋友去商场买了一件自认为很不错的衣服。但是，周一丽丽穿着这件漂亮的衣服上班的时候，很多同事都提出了相反的意见，比如风格不符、颜色不对，总之好几个同事都这样说。

本来高高兴兴穿着新衣服上班的丽丽以为会受到大家的好评，却得到了这样的结果。于是，丽丽也开始觉得自己的眼光有问题了，回家后就把这件衣服放在衣柜的最底层，以后再也不穿了。

为什么丽丽的观点发生了改变呢？难道真的是她的眼光不好吗？事实也许并非如此。审美很多时候只是个人的感觉。但是，如果经过了别人的评价，丽丽就把别人的意见内化成了自己的意见，认为这件衣服真的不好看，甚至她还看到了这件衣服更多的缺点，比如做工不精细、遗留小线头等，于是更加懊恼自己的失败。

生活中，你是不是也有类似这样的感触呢？你和朋友看完一场电影后，你感觉这个电影还不错。不过，还没有等你说话，朋友就说出了这样的话："什么啊，还是名导呢，真垃圾！"旁边的人也跟着附和："白白浪费了这么长时间！"于是你口里刚刚含着的"不错，场景、色彩和剧情都很到位"就生生地咽下去了。于是你听着朋友"针针见血"地剖析电影怎么不好，你也渐渐觉得这部电影的确不是很好，甚至你也会像大家一样，指出这个电影一些不尽如人意的地方。

想过没有，为什么你最初的意见到了最后竟然因为朋友的话而改变了呢？你的意见是什么时候失去的？而又是什么时候，大家的意见成了你的意见呢？想过没有，你的内心其实是害怕自己的意见遭到大家的反驳，害怕自己被别人否定，而这种压力对于单独的你来说要显得"弱小"很多。所以，最后你选择了和大家站在一起，甚至为了"迎合"大家的观点，提出了与自己意见相反的论断。在心理学上，这种心理变化就是群体极化。

心理学家发现，一群人进行决策的时候，往往会作比单个人更容易向极端的方向倾斜，或者过于保守，或者过于冒险，最后的决策总是与最佳决策背道而驰。值得注意的是，那些冒险的决策总比保守的决策要多一些。所以很多时候，人们总会看到一群疯狂的人在做一件疯狂的事情。比如战争，最著名的就是法西斯引发的二战，另外一些复仇团体、宗教狂热分子身上也有群体极化的影子。

那么，为什么群体决策会出现这种极端现象呢？心理学家发现，主要有下面几个原因：

其一，责任分化。作为一个决策，参加决策的人越多，承担责任的人越多。所以，也就减少了每个人因为承担责任而带来的压力，当然，人们还会感到自己失败的风险会降低。这也是在进行集体决策的时候，冒险要比保守的概率高的原因。

其二，人与人的对比。我们总希望自己被别人尊重和认可，所以就趋向于向多数人靠拢。

其三，信息的影响。生活中，我们总会相信大多数人的意见和信息，并且，我们总愿意听到更多支持者的理由。就像我们评论一部电影，尤其是在评论这个电影不好的时候，总希望有人提出一些新观点来证明这个电影不好。而这与电影本身的好坏似乎没有太大的关系。

群体极化对于决策并没有什么好处，看看那些疯狂的群体暴力事件就可见一斑。所以，如果你在决定做一件至关重要的事情时，要切记：并不是找更多的人和你一起进行决策就是正确的，群体决策有时反而会让你走向失败。

◆ 不要活在别人的眼睛和嘴巴里

我们这一生究竟是活给谁看的？现在就必须回答这个问题。先弄清这个问题，再开始自己的人生。

或许有人会说："不是人活脸、树活皮吗？当然是活给别人看的！"这样的回答固然有其道理，但是如果一个人总活在别人的眼睛和嘴巴里，就势必丧失自己的主见和方向。这样一来，就必然不能朝着自己的目标勇往直前，最后也难获得成功，这样的人生也无法在别人眼中赢得尊重。

看看下面这对可怜的父子。

父子俩赶着一头驴进城，儿子在前，父亲在后。半路上有人笑他们："真笨，有驴子竟然不骑。"

父亲听了觉得有理，便叫儿子骑上驴，自己跟着走。刚走不久，又有人议论："真是不孝的儿子，自己骑着驴让父亲走路。"

于是父亲叫儿子下来，自己骑上驴。走了一会儿，又有人说："这个人真是狠心，自己骑驴，让孩子走路，不怕累着孩子？"父亲连忙叫儿子也骑上驴背，心想这下总该没人议论了吧！谁知又有人说："驴那么瘦，两人骑在驴背上，不怕把它压死？"

父子俩只好把驴的四只蹄子捆起来，一前一后抬着走，累得气喘吁吁，满头大汗。

你或许觉得这对父子很蠢，但在具体的事情中，我们又比他们聪明多少呢？其实只是半斤八两而已。

出来混必须明白这一点：要想面面俱到，让每个人都赞同，那是绝对不可能的！因为在做人方面，你不可能顾及每一个人的利益；在做事方面，你也不可能照顾到每一个人的看法和立场。每个人的思维和价值取向都不相同，对同一件事情会有不同的感受和要求，无论你怎样做，总会有人不满意。

事实上，一个尝尽人间酸甜苦辣的人不管人情冷暖或世态炎凉如何反复变化，都懒得再张开嘴巴去过问其中的是非；一个看透了人情世故的人，对于世间的一切批评、赞颂都无动于衷，人们对他呼牛唤马般吆喝，他只是点头，但内心深处始终保持自己的主见。

太在意别人的评价和议论，就像凭空在自己面前立了一面镜子。如果你老是看着镜子中的自己姿势是否优美，表情是否自然，就会担心出现让人不满意的地方。说到底，你是活给镜子看，而不是追随自己内心的目标。长此以往，生活就会失去方向，就像激流中的小船总在旋涡里打旋，迟早会葬身水底。

在这种生活标准下，哪怕你已经做得非常出色，可只要有一面镜子对你打出不及格的分数，你就惶恐不已，自责自怨。你的心情快乐与否都要看周围人的脸色，如果老是看别人的脸色过日子，必将活得很累，没有自我的灵魂和欢乐。这样的你又怎能体会到成功的滋味？

我们一定要牢记：你不仅是活给别人看，更是活给自己看。不管成功还是失败，都是为了实现自己的价值，这是人生的基本态度。不管他人如何对你，我们都应该泰然处之，不受影响。如果过于计较别人的看法和态度，累及自身不说，还会破坏他人对你的印象。

看重别人的眼光，有时是因为自己软弱，有时是表示一种恭维。如果你在生活中有类似的心态，就需要尽快作出调整，收回盯着别人的眼睛，审视自己的内心。失意时，不要因别人的眼神而惶惑不安，而是要在内心寻找重新站起来的力量！

◆ 宁做耳聋的青蛙，不做没脑子的人

提起创业，很多人都会热血沸腾、摩拳擦掌，但最后总是不了了之。因为他们始终解决不了最头疼的两个问题——项目和资金。但为什么有了项目和资金后，很多人仍然创业失败呢？在竞争激烈的市场上，每个人都想通过创业来展现自己的实力。可是，为什么真正的成功者如凤毛麟角？

原因就在于有的人能够坚定信念，不受别人眼光和看法的干扰，尽可能地完成事情；而有的人因别人的看法半途而废。

一件事情，你本来做得好好的，有个人过来一掺和，说：“哎呀，这么做好像不行，你该……”于是，你马上自我怀疑，按照他

的思路去做。没有自己的主见容易被人左右，这样的心理素质，即使做一件最容易成功的事情，也注定会失败!

我曾收藏过一个寓言故事，对我启发很大，在这里跟大家分享一下。

动物王国举行比赛，青蛙的比赛项目是爬一座高塔。其他动物都聚集在高塔周围观看，它们不相信参赛的青蛙能登上塔顶，于是有的动物大声喊:“别费劲了！你们这些青蛙是不可能到达终点的，瞧你们那小腿，根本没有能力爬上去。”听到这些话，一些青蛙抬头看着高塔，心里不禁阵阵发憷，什么时候才能爬上去啊？按照自己的能力肯定会以失败告终，所以为了不丢面子还是自觉退出比赛吧!

一些青蛙纷纷退出比赛，但还是有一部分青蛙坚持了下来。爬到半路的时候，不少青蛙掉了下来，观众们一片叹息。青蛙们互相安慰:“还是算了吧，爬了一半已经很不错了，还有那么高，肯定还是会摔下来的。”几乎所有的青蛙都放弃了。

让观众惊讶的是，竟然还有一只青蛙一直在坚持往上爬。观众们都哈哈大笑，恶毒地讽刺它:“真是白费劲，你不会成功的!”可是这只青蛙似乎没有听到，它依然勇猛地向上攀爬，结果登上了塔顶！观众们惊呆了，态度也发生了改变，开始对它疯狂地赞美和喝彩。许多青蛙不理解它为什么能够坚持下来，向它请教胜利的秘诀，结果发现——原来这只青蛙是个“聋子”!

一个人如果能心无旁骛去做一件事，哪怕只有微弱的希望也肯定会成功。如果别人一定要说你无法实现自己的梦想，那么你就干脆做一只“耳聋青蛙”吧！

在现实中同样如此，认准一个目标就不要轻易动摇。你要坚信自己的判断，坚持最根本的东西。别人的建议只能作为参考，而不能不假思索就让自己的主见被其取代。公司内部开讨论会，员工们你一言我一语，争论某项工作的做法。如果你对自己的想法有信心，就一定要敢于发言，提出自己的真知灼见，最怕的就是你在别人意见的左右下先打了退堂鼓。

坚持正确的观点，不受外界不同声音的干扰。一个思维正常的人都明白这个道理，但现实中又很难做到，这是因为我们太在意他人对自己的评价，也太在乎他人的看法和建议了。在别人的目光中，我们不断校正自己的坐标，今天向前走，明天向左转，不是半途而废就是半路拐弯。走的路虽然长，但只是在原地打转，始终抵达不了自己的人生目标。

有主见并不等于固执。当一个人自以为是、刚愎自用的时候，所谓的“主见”其实就成了偏见。偏见越是坚持，对自己和他人的危害就越大。所以，对别人的建议不能盲目排斥，而要经过客观的分析，吸取其中有益的成分，从而让自己做得更好。

◆ 不要误信他人的一面之词

我认识一个白领，姓李，是个很有雄心的人。他工作两年后觉得自己积累的经验差不多了，各种条件都具备了，市场的机会也很好，就想从公司辞职，打拼属于自己的事业。当他决定大胆去实现这个梦想时，听到亲友们忧心忡忡的劝阻：

“能行吗？听说小赵也开了一家类似的公司，上个月刚倒闭，好惨！赔了几十万，欠了一屁股债，老婆都要跟他离婚。”

“反正做了也是失败，别冒险了！”

“你现在的工作挺好，薪水和福利都很好，就不要瞎折腾了。搞不好，你连娶媳妇的老本都得赔进去！”

一时间，反对的声浪纷至沓来。李君犹豫了，他的想法发生了转变：是啊，万一失败了，我会赔个精光，连买房结婚的钱都没了，到时可真是麻烦！想到此，李君已经彻底动摇了，最终他选择维持现在不高不低、安全稳定的生活。可是他并不知道，亲友口中那位失败的小赵，只是人们的夸张误传。小赵的公司确实经历过一次重大波折，但他经过多方努力，调整策略，很快又走上了正轨。

一个本来可以成功的计划就这样夭折了。后悔吗？可惜当事人还以为自己避免了一个危机，感激别人还来不及呢。真是可怜！一个没有主见的人就在无意中被别人玩弄于股掌之中了！

所以，我们不管做任何事情都应该自己慎重考虑，一定要坚持自己的看法，然后再听取亲人、朋友、同事的建议。尽可能多方面了解他们的意见，但绝不能轻信和盲目地跟随，要综合考虑再作出最后的决定。

当你征求别人的看法时，他们往往只是为了敷衍你而随便说说，如此不成熟的建议你怎么能够接受呢？这不是傻蛋行为吗？你要知道，这是你自己的事情，对你来说可能性命攸关，但对别人来说却是一文不值、毫不重要。毕竟事不关己高高挂起，他们会真正对你的问题认真思考吗？换个位置想一想就能得出答案，这是连鬼都不会相信的事情。然而，你竟然相信了他们的一面之词，对本已考虑得十分成熟的方案重新怀疑，然后推翻，陷入犹豫和迷茫中。一个本可以百分之百成功的项目就这样被毁掉了。

汉代王符在《潜夫论·明暗》中说："君之所以明者，兼听也；其所以暗者，偏信也。"由此可见，偏听偏信是为人处世的大忌。

战国时期，有个叫邹忌的人长得很帅。他问妻子："我与城北徐公相比，谁帅？"妻子毫不犹豫地说："你帅，徐公怎么比得上你！"他又去问妾："我与城北徐公相比，谁帅？"妾怯生生地说："徐公怎有你帅呢！"朋友有事来求他，他又提出这个问题，朋友笑笑说："徐公不及你帅。"

有一天，徐公有事前来拜访。邹忌仔细打量，感到自己确实不如徐公帅。于是他领悟出一个道理："妻说我帅，是偏袒我；妾说我帅，是敬畏我；朋友则是有求于我。如果只听他们的话，就会看不清问题的真相。"

如果你是一个聪明人，这个道理很容易理解。你想：如果你每天只吃一种单调的食物，身体会变得强壮吗？你肯定会因为偏食而营养不良，因为只听片面之词而搞不清事实的真相，你将永远处于蒙蔽中。

纵观历史人物，我们能很容易得出结论。三国时期的刘备、曹操和孙权，是当时角逐天下的主要人物。他们能够号令群雄、逐鹿天下的最大资本，不是自己武力过人，也并非只会流眼泪、装好人，而是善于听取手下人的正确建议。他们能够将部属、谋士的智慧集合起来，最终形成最佳决定。在各种建议中，他们始终保持清醒的头脑，从不偏信某个人的言辞，而是通过甄别筛选来作出最适合具体形势的决策。

浙江有位做出口生意的陈老板，白手起家把公司经营到拥有千万资产的规模。有一次，他在两名下属的不同方案之间作决策时，没经详细调查就采纳了他最信任的刘经理的方案，而否定了赵经理的提议。结果，赵经理失望之下跳槽去了竞争对手的公司，他的方案被这家公司采用，一举成功，获得大量客户的订单。陈老板这才发现，刘经理因忌妒赵经理的才能，对自己编造了许多谎言，使自己对赵经理产生了很坏的印象，从而上了他的圈套。

事实就是如此，如果你总是盲目听信别人的观点，就很容易被小人利用。他们知道你的弱点，更知道你需要什么，凡是你拥有的资源，他们都能够手到擒来。但你还有什么可后悔的呢？这一切都是你亲手造成的，是你偏听偏信的性格缺陷带来的灾祸。作为一个真正聪明的人，一个有主见的人，都会自己把握问题的关键，别人的话只能作为参考，最后作出决定的必然是自己。

一个真正聪明的人在面对各种看法和建议时，应永远保持一个清醒的头脑，不会迷失方向，更不会像风中的芦苇那样左右摇摆。他们总能在复杂的意见中抽丝剥笋般找出自己最需要的东西，而对自己不需要的则会装聋作哑、置之不理。这正是智者的行为，也是成功人士成功的深层原因。

这个道理说起来容易，但执行起来难。出来混的人非常容易受外界干扰。到底该如何做呢？有人这样建议："不要因误信他人的片面之词而被奸诈小人所欺骗，也不要自以为是而受一时意气驱使；不要仰仗自己的长处来比较人家的短处，也不要因自己的笨拙而忌妒别人的才能。"

如果能够做到这些，相信我们的人生之路会更顺利一些吧！

◆ 当别人说你屡战屡败，你要坚持屡败屡战

闲暇时候看电视，一个关于企业管理的节目吸引了我。给我印象最深的是一名创业者与一位成功企业家之间的对话。成功企业家说："我觉得你是屡战屡败。"其实这句话听起来也没什么不对的地方，因为创业者本人的经历确实如此。但是创业者的回答让我茅塞顿开。

创业者回应道："先生，我想纠正你对我的评价，我不是屡战屡败，而是屡败屡战！"成功企业家愕然不已，继而肃然起敬。是啊！多么浅显的道理，当我们面对失败的时候，完全可以从相反的角度来观察问题。这句话将一个人的奋斗意志淋漓尽致地表达了出来，人就是要有这种精神！

很多成功人物，其实都是这样混出来的。

一个烈日炎炎的下午，一位饱受烈日暴晒之苦的人，汗流浃背地拎着两大盒领带，疲惫不堪地走在香港尖沙咀旅游区的洋服店一带兜售。他已经辛苦地奔跑了一个下午，跑了十几家店铺，却毫无所获，但他并没有放弃，虽然遭到了许多人的白眼，他依然如此。

当他又"高高兴兴"地走进一家洋服店时，服装店的老板正十分殷勤地招揽一位客人。这个时候，年轻人拎着领带走进店里，洋服店的老板像见到瘟神一样恶狠狠地把他轰出去。年轻人见自己像乞丐一样遭人呵斥、被人驱赶，一股酸楚涌上心头，原来求别人做生意是这样难！

在他的工作中从来没有人来抚慰他、帮助他，他只有独自挑战这样的生活。

舔着流血的伤口，他重新展露笑颜，继续走街串巷兜售领带。

由于敢于面对现实，对事业锲而不舍，后来他终于成了一个赢家。他就是海内外知名的领带大王——香港"金利来"集团主席曾

宪梓。如今，他做到了这个行业的顶端！

失败并不可怕，可怕的是你永远都站不起来！在这个世界上，万事万物都符合物极必反的规律——没有人能够永远挺立潮头，也没有人会失败一辈子。即使失败，我们也决不能让人生平庸！

什么都不做，当然也就什么都不怕，因为永远躲在温室里，风吹不着，雨淋不到。可是，你的人生从此也就失去了意义。生活就是这样，只有勇敢去做事，不怕犯错、不怕撞墙，才有机会实现目标。其实，如果我们的选择是正确的，就算得到失败的经验也不是坏事，反而是提升自己的契机！

在现实生活中，我们往往会看到这样一种人，他们一旦失败就灰心丧气、怨天尤人，深深迷恋绊倒自己的那个“坑”——这难道不是一种傻到极点的行为吗？请冷静审视一下，这样的你是不是太脆弱，太不堪一击？这样的你还能做些什么？

成功人士之所以能够成功，就在于跌倒之后他们都有所领悟，不是莫名其妙地爬起来，而是在爬起来之后想想自己为什么会摔倒，以后如何才能不犯同样的错误。这时候，你的抉择、你承受挫折的能力，决定了你未来的命运。要知道，人生不是一个宽阔的海港，而是埋伏着许多危险的旅程，人生的赌注就在这次旅程中。要想做一个真正的赢家，就必须笑对失败。成功永远属于那些机智、勇敢、有魄力的人！

在这个世界上，有雄心壮志的人很多，他们心里装着一份改造世界的伟大计划，希望社会像自己梦想的那样来运转。当你听他们夸夸其谈时，他们个个都像完美的理论家，但是真正做起事来，十之八九的人碰到一点儿困难就灰心丧气、溜之大吉。出门碰了壁、撞了墙，他们就吓坏了。第一步受挫，就不敢迈出第二步，把头埋进沙滩，再也不敢面对现实进行挑战。遇忧则失望到底，遇喜则手舞足蹈，这样的人做什么事情都很难成功。

世事无常，事物不会完全按照你预想的来发展。现在不如意不代表将来没转机；现在生活安宁、事事顺利，也不意味着将来不会出现波折。对一个人来说，最可怕的就是满足现状、不思进取。“喜忧安危，勿介于心”，无论有多少困难，有多少人反对，我们都要坚定自己的信念。我们该做的就是瞪大眼睛，盯住前方，一步步踏实前进！

◆ 不要在甜言蜜语中晕头转向

一天，与一个做事很猛的老板聊天。他说了一句话，我当场就记下来了。他说：“要成功，就要虐自己！”

如何虐？具体到人际交往中，就是常听逆耳之言，常想不顺之事，这是激励我们做得更好的磨刀石。

假如每句话都好听、每件事都称心，等于把自己的一生都泡在了毒药里。

爱听甜言蜜语是每个人的弱点，无论是谁都容易上当。世界上几乎所有的女人都喜欢听甜言蜜语，很多女人正是因为男人的甜言蜜语而上错花轿、搭错了船。《宰相刘罗锅》中的乾隆皇帝就被和珅的甜言蜜语哄得晕头转向，他明明知道对方所言所语都很虚伪，但就是控制不住肚里想听的“馋虫”。在甜言蜜语面前，每个人的肚子里都有不争气的“馋虫”。

甜言蜜语就是一剂毒药，当你听得多了，不但心软，腿也会软。整天处在这种甜蜜蜜的环境中，你会以为人间就是天堂，没有阴暗，没有挫折？没有任何反对意见，自己犹如一个至高无上的帝王，这个时候就会看不清自己的问题，早晚会栽个大跟头、跌个嘴啃泥。到那时你才发现，原来甜言蜜语害死人，不好听的真话才是自己需要的。就像生了病喝糖水绝对好不了，再甜也只是嘴上的美味。要想恢复健康，总得吃点儿苦药，或者承受一下打针的疼痛。

看看大人物的奋斗过程，或许我们就会明白很多道理。

秦朝末年，刘邦率大军攻占咸阳城以后，立即跑到闻名已久的秦宫察看。宫室华丽，宝物不计其数，都是他从未见过的，还有许多美丽的宫女向他跪拜。于是，刘邦打算先住下来享受一番再说。

他手下的大将樊哙知道了，赶紧劝阻说：“大王你是想拥有天下呢，还是只想当一个妻妾成群的大富翁？”刘邦说：“废话，我当然想做天下之主！”樊哙说：“你现在留恋的这些都是导致秦朝灭亡的东西啊！如果你也迷恋这些东西，那么迟早也得灭亡！”

樊哙的话说得难听，刘邦很不高兴，于是气呼呼地仍在宫殿里饮酒作乐。谋士张良又跑来了，他对刘邦说：“秦王残暴，百姓造反，所以您才来到这里为天下除掉暴君。如今刚入秦地就想享乐，难道要当新的暴君，然后再让别人推翻吗？俗话说得好，正直的劝告往往不顺耳，但是有利于言行；汤药很苦，可是有利于治病。希望您能听从樊哙的劝告。”

刘邦终于醒悟过来，出了一身冷汗，马上下令封锁府库，关闭宫门，返回了军营。

如果刘邦不是一个明智的人，就势必听不进刺耳的劝谏。虽然大家全是为汉家江山着想，但刘邦极有可能恼羞成怒杀掉他们，然后继续享乐。若果真如此，恐怕中国的历史就要改写了。因为刘邦无异于让自己成为新的暴君，在当时群雄并起的年代，很快就会被别的英雄灭掉。刘邦听得进逆耳忠言，服得下苦口良药，这正是他可以击败项羽建立汉家天下的原因。

在现实生活中，如果你每天听到的全是赞美之词，或者都是一致认可的声音，请千万不要就天真地以为自己无所不能、永远正确了！这恰恰说明，你正被别人泡在蜜罐里，你正处于慢性自杀的边缘。被人泡在蜜罐里绝对不是一件值得庆贺的好事，因为在蜜缸里泡久了，蜜就成了毒药，把你的意志全都泡软、泡散了，你彻底失去了对危险的感知力！

唐玄宗时的宰相李林甫就是一个口蜜腹剑的阴谋家，专门跟那些品德高尚、为人正派的忠臣过不去。他陷害别人时绝不是一脸凶相，而是用甜言蜜语吹捧对方，让对方感觉他是最亲近的人，然后他再在暗地里找到把柄，拿对方开刀。

我们一定要清醒地认识到，甜言蜜语大都是有毒的。每个人都会犯迷糊，谁都不能保证自己无可挑剔。我们只有能排除甜言蜜语的干扰，勇敢地喝下苦口良药，才能确保在处理事情时正确无误。

不管别人的话有多难听，我们都要让他把话说完，听听他到底想表达什么意思。对各种反对的意见和批评要冷静地分析，不要因为难听就盲目反驳，而应该站在客观立场上分析事实。哪怕对方说得没有道理，我们也应该抱着“有则改之，无则加勉”的态度，这样才能从善如流，让自己变得更加明智！

千万不要因别人的“眼光”而失去自己

每个人都生活在一个圈子里，在这个圈子里有各种各样的目光。这些目光如同天罗地网将我们包围，如果你穷困潦倒，或许会觉得到处是别人歧视的眼光，到处都是对自己的嘲笑。当你下定决心要做某件事时，会觉得周围人都在表示反对和不信任。这个时候，我们生活得是多么不自在啊！我们无法真正随意起来，毕竟我们都是社会性动物，不可能逃到深山老林当野人，所以，我们只有勇敢地直面这些眼光。

相信每个人都见过这样的情景：一个女孩和男朋友逛街从来都不牵手，并且还离得很远，要不一前一后走，要不装做陌生人。为什么？因为女孩很高，男朋友却有些矮，两个人在一起怕引起别人异样的眼光。

你是不是也是这样一个人呢？你是不是也如此在意别人的眼光呢？只要别人给个小意见就“诚惶诚恐”，从不考虑这个意见到底适合不适合自己，就按照“意见”听话地去做了。

为什么你会那么在乎别人的眼光，为什么会为别人的看法而动摇？要知道，这些看法其实并不是别人的而是你自己的。就像那个高个儿女孩的心理一样，因为她自己就是看到其他情侣身高不合，然后投给别人异样眼光的女孩。中国有句话说：“以小人之心，度君子之腹”，用在这里可以叫做“以自己之心，度别人之腹”。其实，一个人在心里怎样看自己，在外界就能感受到怎样的眼光。西方有句话说：“别人以你看待自己的方式看待你。”

苏东坡和佛印和尚是很好的朋友。有一次，苏东坡去拜见佛印，两个人相对而坐。苏东坡问佛印：“你看我像什么？”佛印说：“我看你像一尊佛。”苏东坡大笑：“我看你却像一堆牛屎。”佛印没有说什么，不久后苏东坡就回家了，并和苏小妹说起此事。苏小妹听完并不觉得好笑，她对哥哥说：“佛家说‘佛心自见’，就是说你看别人是什么，就表明自己看自己是什么。哥哥看佛印是一堆牛屎，那么看自己也是如此；而佛印大师看哥哥是一尊佛，那么看他自己也就是一尊佛。”苏东坡听后大窘。

在心理学上，佛家的“佛心自见”被称为“投射效应”。在小人眼里，君子无论怎么做都是小人行为。一个善良的人看别人的行为总是善良的，一个阴险的人看别人也总是阴险的。

人本来就是社会性动物，不可能不在意别人的眼光，但我们要认识到，别人的看法和价值观只是别人的，并不是你的，所谓“别人的眼光，你的路”。如果你整天问别人，我穿这件衣服怎么样？我的另一半好不好？我要不要给他打电话？要不要和他分手？要不要和上司说？我是否应该参加培训……这说明你不是一个自信的人。一个自信的人很少这样去问别人，虽然他也会参考别人的意见，但更确信自己的正确见解，不会轻易就发生改变。而不自信的人就会把这些眼光当成自己的标准，自己只是一台转播别人看法的录音机而已。时间长了，自己懒于思考，会养成靠他人指点才能做事的习惯，遇到什么事都要问别人才敢安心去做，这样岂不成了别人意念的奴隶？

这样的人很少会获得成功，因为他连自己想要什么都不知道，何谈实现自己的人生目标呢？

这样的人从小时候开始，一般都是爸爸妈妈安排好一切。如果父母明智的话，他或许会幸运；如果父母不明智的话，他就会失去自我意志，变成一个木偶。比如，自己明明喜欢画画，但父母没有注意到他的绘画天分，却让他学钢琴，于是可能成为画家的他就成了一个只知道几支曲调的半吊子。当他长大成人，很可能得到一份自己不擅长也不喜欢的工作，每天碌碌无为地度过，然后认识一个同样碌碌无为的另一半，与他（她）结婚生子，在婚后没有主见，全凭对方“定夺”。如果对方同样没有主见，那么他们只能在生活的底层，继续听从别人的意见，就这样永远穷困潦倒下去。

所以，千万不要因为别人的眼光失去自己，这样你将失去自己一生的幸福！

第七章　即使天塌下来，也要有一颗从容的心

混社会需要修炼自我心态——泰山崩于前而色不变，麋鹿在面前狂舞而眼睛都不眨一下。一个人不具备这种素质就注定无法干大事，无论如何卖力折腾也只能是养家糊口而已！

◆ 为什么钱越多越容易亏本

一个做风险投资的朋友曾说过这样的话："如果我手里的资金过于充足，投资的项目就容易亏钱。每次都是在资金紧缺的情况下，投资才赚了钱。"朋友不经意的一句话让我深思了很久。其中究竟藏着什么道理呢？后来，我突然明白了——生于忧患，死于安乐。越是在安逸的生活条件下，人生越容易失败；越是在艰难的困境中，头脑越清醒，判断力越强，人生反而更容易成功。

在逆境中，周围其实都是良药，会在不知不觉中磨炼你的意志；而在顺境中，等于面前摆满了侵蚀意志的刀枪，让你身心受到伤害，

走向失败还不自知。

东汉大将耿恭奉皇帝之命救援车师国，被匈奴军队围在疏勒城。由于敌众我寡，而且是在远离中原的境外作战，没有援兵，耿恭的几千部队很快被死死围困在城中。疏勒城建在天山的北坡上，城外有涧水流过，但匈奴人狡猾地切断了水源。

在这种绝境下，耿恭身先士卒，“榨马粪汁而饮”，同时率众在城中掘井取水。在戈壁挖井谈何容易？一直挖了半月有余还是只见沙土，就在人们快绝望时终于喷出了一股清水。靠着这口井，耿恭率领几十个幸存的士兵坚守城池，粮食吃光了就煮皮革。匈奴人劝他投降，向他许诺“封王，嫁公主”。在如此的逆境中，内无粮草、外无援兵，似乎只有投降一条路。但耿恭越是身处绝境，意志就越发坚强，他手刃匈奴的劝降使者，誓死不降。正是凭着这种强大的精神，耿恭和士兵不仅守住了孤城，而且最终等到了汉朝派来的援军。

我们可以想象一下这样的处境——无兵、无粮，坚守一座域外孤城，而敌人的数量多达百倍，轮番进攻。在这样的逆境中，耿恭没有低头，反而越战越勇，最终等到救援，胜利而归，成就了历史上不朽的美名。在他面前，困难是一块最好的试金石！

逆境才是人生最好的良药。大凡成功的“牛人”，一定要经历挫折才能得到成功，才能体会到成功带来的酸甜苦辣，才能磨炼出一种好的心态，才能坦然自如地应对生活的种种打击！

当我们处事不顺时感到痛苦压抑是难免的，但对于一个生来就自立自强、不畏艰险的人来说，这是一笔巨大的财富。只要肯坚持，一旦有了转机就能由逆转顺！

种过地、打过铁、学过厨艺，这就是董书民在从事家具行业之前颇为丰富的经历。十六岁时，种了三个月地后，董书民进了一家企业学打铁。1989年，在家人的安排下学起了厨艺，学了一年厨艺后，他感到自己不是那块料，就放弃了。

真正的转机发生在1992年底，他开始做油漆生意，掘得了人生的第一桶金。一年后，他的资产已达到十多万元。1997年，一场灾难开始袭击没有任何准备的董书民。他高价进的油漆，售价只有进价的三分之一，而且由于赊欠太多，资金根本无法回笼。“不但把几年来赚的钱全赔光了，而且还欠下五十多万元的外债，那时几乎想跳楼。”董书民说。

那是他人生中最暗淡的日子。法院查封了他的家产，有的债主甚至让黑社会来逼债。妻子在医院里生孩子，讨债的跑到医院逼债。但是董书民还是以平和的心态来面对，他从来不关手机，也从来不躲避债主，而是耐心地向他们解释说自己身无分文，即使逼到跳楼也不管用。

1998年下半年，在众多朋友的帮助下，他筹借到十二万元做家具代理，开始了第二次创业。这次创业并非一帆风顺，家具进了商场后，第一个月连一套也没售出。他考察后发现原因在于促销员的能力不行，不会推销。在考察中，他发现了一个非常出色的促销员，于是花重金挖了过来，每个月两千元，承诺以后每月不低于两千元，而那时促销员的普遍工资也就是八百元左右。

这个促销员给公司带来了滚滚财源。第一个月的销售额就达到三十五万元，半年后达到了七十万元。两年后，董书民从家具代理延伸到家具生产。2001 年，他开始正式扩张，又在这个厂里投资了一百多万元。

扩张后，他再次遭遇厄运。因质量出了意想不到的问题，经销商纷纷退货。八十多万元的货全部回收到厂里当垃圾卖了，这次他损失了四十多万元，而且三分之二的经销商不再与他合作，声誉遭到了很大损害。

在这种情况下，董书民依然决定投资五百万元建设新厂。新厂房给经销商焕然一新的感觉，再加上他给经销商的承诺——有质量问题无条件退货并双倍赔偿，经销商重新认可了他。

“其实，人的经历越丰富越好，这样你可以体味不同的人生。”董书民如是说。在失败的时候，很多人会落井下石，很多人会乘人之危。此时，关键是你能不能挺住，要学会感动合作伙伴，让他们信任你，这样你才能在失败的基础上继续往前走。

对意志顽强的人来说，挫折是垫脚石，会让他们站得更高、看得更远，使他们可以用更加准确和清晰的眼光来进行新一轮的奋斗。然而，对于那些弱者来说，挫折则成了他们的绊脚石，每一次都会将他们绊得一蹶不振、一事无成。

歌德说："流水在碰到抵触的地方，才把它的活力解放。"仔细斟酌，流水虽然会按照它的性质选择向前平静地流淌，但是如果在这过程中没有石头打破它的平稳，也许这条水流就会一直选择沉静的方式汇入大海。但是，只有浪花的飞溅才让整个水面看上去更有激情，这条河流才显得更有生命力。

在这个世界上，在顺境中翻船的人很多。对一个意志力差的人而言，优裕的环境往往是堕落的温床。长期处在顺境中，一个人就很容易失去上进心，最终因脆弱无力而栽了大跟头。

《菜根谭》中曾说："困苦穷乏，锻炼身心。"这就要求我们明白顺与逆相互转化的道理。如果游手好闲不肯奋斗，优越的生活会全部失去。反之，即使处于艰苦穷困的环境中，只要我们拿出干劲，任何难题都能解决。不同的心态决定了我们最终成为富翁还是穷光蛋！

◆ 不怕死定律——越怕死就死得越快，不怕死反而能活下来

在《三国演义》里，吕布和张辽同时被曹操抓了。吕布不该死，因为武艺高强，曹操又最爱才，本来就没打算杀他。但这家伙怕死，见了曹操就跪地求饶，又要认曹操做干爹，又请刘备给他说情。曹操一看吕布怕死，大失所望，认为怕死的人只会投降，对主不忠，再大的本事也没用，结果就把他杀了。

张辽本来是该死的，他的本事不如吕布，当时又没什么名气，曹操根本就没打算留他。但他昂首挺胸，无所畏惧，宁可被杀头也决不屈服。曹操见他不怕死，对旧主忠心耿耿，一个忠心而不怕死的人，本事有限也是有用的，就把他留了下来。所以你看，不该死的吕布因为怕死没活成，该死的张辽因为不怕死反而活了下来！

心理学中有一条定律叫做“不怕死定律”——越怕死就死得越快，不怕死反而死不了，总结的就是这种现象。你越想得到某种东西，最后因为过于紧张反而得不到。当你怀着一颗坦然之心来面对时，反而会有意外惊喜。

就像有些癌症患者明明能活三个月，但听说自己得了癌症，顿时吓得精神崩溃，脑袋里只剩一个“活”字，结果半个月不到就死了；还有的极度恐惧，干脆服毒或跳楼了，病没让他死，他却自己先死了。总之怕得越厉害，死得越快！可有的人不怕死，看透人生、超脱世俗，横下心想：我就这三个月的活头，还害怕啥？怕也没用！于是干脆豁出去，抓紧时间享受，多一天就快活一天。他是怎么做的呢？把房子卖掉，拿着钱到世界各地旅游，风景名胜看个够，哪里好玩就去哪里，什么好吃就吃什么！越玩越开心，不知不觉一年过去了，不但没死，跑去医院一检查，癌细胞全没了！

这就是“不怕死定律”——只要你不怕，想死都死不了，想败也败不成！

瓦伦达是美国有名的钢丝艺人，他凭借超群的技艺、稳健的身

手，深受观众的喜爱。有一次，他应邀为一批尊贵的客人表演。瓦伦达深知只要表演成功，他的知名度将在上流社会大大提升，因此他非常重视此次表演。在表演前几天，他就开始详细构思演出的所有细节，甚至连谢幕的动作都排演了好几遍。然而演出当天，上台后他只做了几个简单的动作，就不幸摔下钢丝，不治身亡。

演出失败后，他的妻子说："我知道他肯定会出事。因为他在出场前总是说'这次太重要了，不能失败'。但是以前的成功表演，他只是想着走好钢丝就可以了，根本不去管这件事可能带来的一切后果。"正是这位钢丝艺人对演出成功极度的渴望，才让他无法真正将心思放在走钢丝上，导致最后"坠丝"身亡。后来，心理学家们将这种因渴望成功或者恐惧失败而造成的心理压力称为"瓦伦达心态"。

有句俗话叫"怕什么来什么"。你越是害怕失败，尝到失败苦果的概率就越高；你越想得到某件东西，往往就越难以得到。人们在面对重要的事情时都会出现这种心态，由此还会常常表现出情绪烦躁、焦虑，并伴有胸闷、头晕等生理反应，严重时还可能瞬间失去记忆。

在这个世界上，一切都可能发生。我们在面试、主持会议、与客户谈判时，经常遭遇命运般的"滑铁卢"。事后我们总会问自己，是准备不足？能力不够？还是运气不好？其实，大多数时候是因为满脑子全是失败的想法导致的。

世间万物的规律就是阴阳对应、互相转化，好事会转变成坏事，坏事也可能成为好事的开始。一个人失败了，发热的头脑被浇了一盆冷水，他才能静下来深思自己的路子对不对，办法行不行，才愿意面对自己的缺点，调整自己的策略。正因如此，当他重新上路时，自然就做得更好。

无论得意还是失意，我们都应该保持一种平和理性的心态。如果一个人能做到宠辱不惊，那么这个人不管做什么都会成功。哪怕是做一个乡下的种田人，也会有一个好收成！

现在你也许要问，有没有什么办法让“瓦伦达心态”永远不要靠近我们？其实，要想摆脱“瓦伦达心态”也很简单。

一、修炼你的平常心

看到这里你可能觉得有些好笑，怎么可能？是的，当我们面对一些决定我们命运的问题时，怎么可能会有平常心？如果你真要这么想，那么你就只能成为第二个“瓦伦达”。

一件事情的成功本身就是“谋事在人，成事在天！”我们能做的，只有尽力做好。我们生活中受到了太多“这次一定要成功”的教育，其实通往成功的道路怎么可能就这“一条”呢？大可不必过于看重，我们只要尽力发挥就行了。

二、正确的心理定位

如果你有八十分的能力，就不要刻意追求一百分的结果，做好八十分你就是成功的。而当你的目标定到一百分，那么你就会承受

更多的“压力”去达到一百分，这些压力很多时候是你不能承受的，结果你的答卷可能连八十分也达不到。

有这样一个小故事，从相反的方面反映了心理定位对我们的意义。

1796年，十九岁的高斯在德国哥廷根大学就读。每天，高斯要做出导师布置的三道数学题。有一天，他在做一道数学题时费尽了力气。这道数学题是：用圆规和一把没有刻度的直尺画出一个正十七边形。因为学过的知识都不能解答这个问题，最后他只能用非常规的方法去解开这道数学题。

第二天，高斯把答案交给导师。导师看后大惊：“这是你做的？”“我花了整个通宵才做出来！”“你解开了一个有两千多年历史的数学悬案！”其实，这道数学题是导师一直在研究的，但是他把这道题误交给了高斯。后来，高斯说：“如果知道了这道题两千年来无人能解，我可能永远也没有信心解开它。”

三、做好当下的事

如果你已经有了合适的目标，那么只要专心做好就够了。庄子说：“外重者内拙。”对于一些事情，把它看得过于重要，赋予太多的意义，那么就会因为“意义”太多而忽视了内容本身。与其为不着边际的“意义”恐慌，不如活在当下，享受过程带来的喜悦。

当你可以有效化解“瓦伦达心态”，以闲庭信步的心态面对生活的时候，你就已经成为一个“随心所欲”的强人了！

◆ 灾祸和穷困是锻炼英雄的熔炉

记得有一天，我靠在沙发上欣赏《动物世界》。突然有这样一幕画面触动了我——在茫茫的草原上，长颈鹿妈妈刚生下小长颈鹿，但并没急着去照顾它，而是抬起大长腿踢向自己的孩子。小长颈鹿由于刚刚出世，翻了一个跟头，四肢摊开。这个时候，如果小长颈鹿不能站起身来，长颈鹿妈妈就重复不断地踢，直到小长颈鹿站立起来为止。当小长颈鹿用颤抖的双腿站起来时，长颈鹿妈妈会再次将小长颈鹿踢倒。

为什么长颈鹿妈妈竟如此残忍？我们所歌颂的母性光辉哪里去了？

事实上，这正是长颈鹿妈妈更深刻的爱之体现。因为它要让孩子自己站起来，只有这样才能培养它们的独立性，磨炼它们的意志。在大草原上，狮子、狼等野兽都喜欢小长颈鹿，如果长颈鹿妈妈不教会自己的孩子尽快站起来，那么它们很快就会成为野兽口中的美餐。

失败对强者是逗号，对弱者是句号。小长颈鹿们从屡屡受挫的困境中学会了生存的本领，而我们又能从困境中学会什么呢？可以说，困境就像一座宝库，只要你想学，它总有取之不尽、用之不竭的智慧。不会从困境中吸取教训的人，要想成功是遥遥无期的。对于一个渴望成功的人来讲，就应该在困境中锻炼自己，使自己成为一个真正的强者！

在很久很久以前，有个国王很为继承人发愁，因为他只有一个女儿。所以他决定召开一个选婿大会，选出一位最勇敢的青年，让他和公主结婚并继承王位。听到这个消息，全国的适龄青年都赶到首都准备参加大会。但谁也没想到，国王出了一个非常可怕的题目来考验大家——跳下满是鳄鱼的池子，游到他面前的人才可以娶公主。

虽然诱惑很大，但是鳄鱼也很可怕啊！大家面面相觑，就是没人敢下水。突然，一个年轻人扑通一声跳入水中，飞快地向国王游去，好几条鳄鱼紧紧地跟在他的后面。但年轻人游得飞快，有惊无险地爬上了岸。国王非常开心，拉住他说："你是全国最勇敢的人，我要把女儿嫁给你，现在说说你的心情吧！"年轻人感谢了国王，然后冲着人群大骂："是谁把我踢下去的？！"

这只是个笑话，但鳄鱼确实是提高游泳能力的好帮手，许多猛士就是在如此困境下产生的。有一个游泳教练的成功秘诀就是在训练池里放几条绑住嘴巴的鳄鱼，队员们看到鳄鱼就在自己身后，游泳速度呈直线上升。为什么呢？这是因为人在困境中爆发出了惊人的力量。

在挫折和磨难面前，我们究竟该如何选择？是退缩，还是勇往直前？面对心爱的另一半，你是否感到矜持，原本准备好的表白在紧张情绪中化为乌有？面对职场上的竞争对手，你是否把机会拱手让给别人？

如果是这样，那你真的是欠缺一颗勇敢的心。你会因此失去本属于你的职位，失去一位很不错的人生伴侣，失去一次大展宏图的机会，也许你会因此偏离本属于你的一条成功道路……每个人都会犯错，但我们绝不能因为怕犯错就什么也不做，那可是枉活一世。一个勇敢的人不会害怕艰难困苦的磨炼。如果因为困难而不敢行动，就像鸵鸟一样把头埋在沙堆里。看上去好像一生从来没有遭遇过危险，但这恰恰是最大的危险。碌碌无为、一事无成，难道不是人生最大的危险吗？

平静的湖水怎能练就强悍的水手？安逸的生活怎能造出时代的伟人？所以对我们每个人来说，需要的不是平静，而是挫败。只有这样，你才能在泥泞而曲折的道路上昂首挺胸，一步步地强大起来！

◆ 莲花生于臭泥，光明生于黑暗

“为什么黎明前的黑暗总是最黑、最暗的？”学生们一个个抓耳挠腮，却没有一个人回答这个问题。

一个女孩则不假思索地写道：“因为光明就要来了，黑暗使出最后的力气，但它终究是敌不过光明的。”另一个男孩则冷笑着写道：“因为黑暗想要吞噬光明，想要笼罩整个大地。傍晚过后，黑暗总归将至。”

“其实每个人心里都有一个天使，只要你慢慢去了解就会发现，光明一直在你身边。”女孩继续写道。

“其实每个人心里都有一个黑洞，那个洞又黑又深，它将指引你走向黑暗。”男孩继续写道。

由于不同的人生观，男孩和女孩长大后有了不同的人生走向。女孩长大后成为一家外企的副总裁，而男孩长大后则与黑帮、流氓混在一起，最终沦为囚犯，在牢狱中度过自己的余生。

这位女孩坚信黑暗中孕育光明，所以从不堕落悲观。而男孩则认为黑暗深处是更深的黑暗，于是真的堕入了人生的绝境。有句很经典的话说：“莲花生于臭泥，光明生于黑暗。”我们要让自己懂得这一古老的辩证哲学。再美好的东西也无法脱离它生长的环境而独自存留，光明总是隐藏在黑暗之中。如果我们总是一味排斥黑暗，那么就只能活在自己的白日梦中，永远找不到自己梦中的那个理想天堂。

众所周知，粪土中的幼虫是最为肮脏的，可是它一旦蜕变成蝉，就在秋风中以吸饮洁净的露水为生；腐败的草堆本身是不会有光泽的，可是它孕育出的萤火虫在夏夜里闪耀出荧荧光亮。从这些自然现象中可以悟出一个道理，那就是洁净的东西出自污秽中，而光明在黑暗中孕育。

心理学家马斯洛说：“一个人面临危机的时候，如果你把握住这个机会，你就成长；如果你放过了这个机会，你就退化。”古今成功人士都是在艰难困苦中抓住一个重要机遇，从而迅速成长起来的。

著名演员周星驰用他搞笑的作品和高超的演技，在二十年的时光里影响了整整一代人。但很少有人知道，周星驰刚出道的时候，在片场只是一个小小的龙套，而且一跑就是好几年，总是被人瞧不起、被人辱骂。剧组里的人几乎都可以冲他指手画脚。那几年，可以说是周星驰最黯淡的时光。

换成你我，肯定灰心丧气，用不了多久就会转行，彻底离开这种打击自尊的电影行业。但是周星驰没有这么做，他只是耐心等待。1988年，他终于获得参演电影《霹雳先锋》的机会。从这部电影之后，周星驰一发而不可收，相继拍了多部火暴电影，最终成为华人电影界当之无愧的第一喜剧明星。

事实正是如此，失意不可怕，可怕的是失去自己！困境对每个人来说都是一种充满机遇的挑战，光明来临之前的一段时间总是最黑暗的时刻，看似无人问津的古墓里总是埋着最珍贵的宝贝。关键是，你自己会作出怎样的决定？是奋勇前行，还是遇到挫折就茫然退缩？如果你退缩，黑暗的影子很快就会把你吞没，从头到脚连一个脚趾都不剩。而迎难而上、坚持到底的人，无一例外都获得了成功。这几乎是颠扑不破的真理。

这个道理之所以无数次地应验，不外乎以下几个原因：

1. 人只有栽了大跟头后才肯彻底反思。所以，失败反而利于找到不足，弥补自身的缺陷。

2. 处于低谷的人由于一无所有，头脑能够最大限度地保持清醒，方向更加明确，行动更加坚决。

3. 已经是最坏的局面了，还能再糟糕到哪儿去？这时心态反而放松，没有顾虑，更利于激发全部的潜力。

《菜根谭》中说："净从秽生，明从暗出。"意思是，清洁与污秽是相对的，清洁中未必没有腐物，污秽中未必不出有益的东西。为人处世要辩证地看待成功和失败。

在此祝愿每一个摸爬滚打的朋友都不要在黑暗中迷失自己，都能找到属于自己的成功！如果你正遭遇巨大挫折，或者遇到让你伤心的难题，不妨给自己一种轻装上路的心态——我已经没什么可失去的了，还有什么可顾虑的呢？然后，你很快就能实现自己的人生目标——原来钻石就在眼皮底下！

◆ 笑看世态炎凉——每个人都是趋吉避凶的"自私鬼"

我曾读过这样一则令人叹惋的故事，或许你也曾在某处读过。

一个女司机开着一辆载着乘客的客车行驶在盘山公路上。客车上有三名歹徒居然盯上了漂亮的女司机，强迫中巴停下，要带女司机下车去"玩玩"。女司机情急呼救，全车的乘客都假装没听见。

只有一名瘦弱男子应声奋起，却被打倒在地。男子气极，大呼全车人制止暴行，却无人响应，任凭女司机被拖至山林草丛受人凌辱。半小时后，三名歹徒与衣衫不整的女司机归来。

车又将行，女司机要瘦弱的中年男子下车。男子不肯，僵持起来。女司机说：“喂，你下车吧，我的车不拉你！”中年男子急了：“你这人怎么不讲道理，我想救你还错了吗？”

“你救我？你救我什么了？”女司机矢口否认，引得几名乘客窃笑。中年男子气极，恨自己身无大侠之力，救人未救成，可也不该得到被驱逐下车的结果呀，他坚决不下。“再说我买票了，我有权坐车！”女司机扬起脸无情地说：“你不下车，我就不开。”

没想到的是，刚才还对暴行熟视无睹的满车乘客，现在犹如刚刚睡醒般齐心协力轰那男子下车：“你别闹事，快下去！我们还有事呢，耽搁不起！”有几位力大的乘客甚至上前拖中年男子下车。直到那男子的行李被从车窗扔出，他随后被推搡而下，汽车又平稳地行驶在山路上。

车到山顶，拐过弯就要下山了，车左侧是劈山开的路，右侧是百丈悬崖。汽车悄悄地加速了，女司机脸上十分平静，双手紧握着方向盘，眼里淌出晶莹的泪水。

第二天，当地报纸报道：伏虎山区昨日发生惨祸，一辆中巴摔下山崖。车上司机和十三名乘客无一生还。半路被赶下车的瘦弱男子看到报纸哭了。谁也不知道他哭什么，又为什么哭。

你是否十分憎恨车里的这群乘客？他们麻木不仁、无动于衷、装聋作哑，确实让人恨之入骨。但是你想过没有，如果你也是乘客中的一员，你也恰好遭遇了这一场景，你会如何做呢？你是否会挺身而出与歹徒大干一场？我想恐怕未必，说不定你正是其中装聋作哑的一个！

“路见不平没人吼”，已经成为一种普遍现象。人们司空见惯地集体冷漠，无论是面对小偷、歹徒，还是其他一些不法分子，敢于站出来吼一声的人越来越少。难道这只是正义的缺失吗？心理学家经过分析发现，“路见不平没人吼”的深层原因，是人们受到社会心理学中“旁观者效应”的影响。

这种社会心理学现象可以解释为“旁观者介入紧急事态的社会抑制”，也就是面对一种紧急事态，旁观者越多，大家采取行动的概率就越小，意愿也就越少。正因为有其他目击者在场才使得每一个旁观者都无动于衷，寄希望于别人站出来解决问题，自己不用承担任何风险。

事实正是如此，我们每个人都是趋吉避凶的“自私鬼”，每个人都怕承担责任。

《隋唐演义》中说：“世态炎凉，古今如此。”意思是，不管你是中国人还是外国人，不管你是古代人还是现代人，反正都得承认这个“古今如此”的事实。

君不见，天桥上摆摊的算卦先生们，随便弄把胡子粘上就可以充大师，糊弄貌似很精明的人。为什么他们可以得逞呢？无非还是人类趋吉避凶的本性使然。世态炎凉，正是这一本性造成的。

世人趋吉避凶、嫌贫爱富是再正常不过的事情。这一与生俱来的天性，可不是读了几天《三字经》就可以彻底抹杀和消除得了的。

如果你在这个世界上找到一个不曾趋吉避凶的人，我可以毫不犹豫地给你一百万！可惜没有人能够找到。假设一下，在生活和工作中，谁不希望自己得到权力和金钱的青睐呢？对于那些拥有权力和金钱的人，大多数人都采取讨好与媚俗的态度，换个角度看绝对无可厚非。重要的是，我们要用什么样的心态来对待这种现象。

一个人对世态炎凉感受的程度，是随年龄的大小和处境的不同而改变的，绝非大家都一模一样。我在这里发现了一条定理：年龄大小与处境坎坷程度和对世态炎凉的感受成正比。年龄越大，处境越坎坷，对世态炎凉的感受越深刻。反之，年龄越小，处境越顺利，则感受越肤浅。这是一条放之四海而皆准的定理。

当你有钱或有权时，人们会来巴结你；当你失去这一切时，人们又都嫌弃你。这会产生一种巨大的心理落差，人情冷暖、世态炎凉，你会因此想不开或者愤愤不平吗？其实，只要明白他们在意的不过是你的财富或权势，而不是你本人，对这种现象就很好理解了，没必要对他人态度的转变斤斤计较，无法释怀。

明朝嘉靖年间，福州有个人叫郑大钧，他考取功名后就在南京做官。有次他回家探亲，四周乡亲和当地的县吏在几十里外欢迎他，每个人都来拍他的马屁，希望能得到他的赏识，沾沾他的官气。

后来他得罪了朝廷大员，丢了乌纱帽，被贬回老家务农。这次，郑大钧发现没有一个人来迎接他。朋友们见了他都绕着走，生怕沾上他的晦气。还有不少人聚在他的身后，指指点点笑话他：“看，被朝廷一撸到底，灰溜溜地回来了！”还有人说：“我早就知道他不行了，没有当官的命！”

郑大钧对这些议论一笑置之。没多久，朝廷查明了他是被小人陷害冤枉的，于是他被重新重用。当府台的文书送到村里时，消息又一次迅速传开。这回，人们都不好意思上门了，原先弃他而去的那些好友见他骑着高头大马从身边经过，尴尬地用袖子遮住脸，羞于跟他见面。但郑大钧已看透世态人情，不仅没对他们轻薄憎恨，反而主动下马，将一些不方便带走的家具、书籍等日常用品赠送给了他们。

对于人情冷暖、世态炎凉，郑大钧的态度就很超然。他知道人们谄媚的是他的权势，讨厌的也是他的穷酸身份，而不是他本人，所以为何要因此而得意或生气呢？如果你能用宽广的心胸来包容别人，就避开了世态炎凉对自己的“伤害”。

如果你看破了，也就不纠结了。要知道，你有权势时人们奉承你，实际上是奉承你漂亮的官服；你贫穷落难时，人们轻视你，其实是在轻视你的布衣草鞋。原本就不是奉承你，你为何要高兴？原本就不是轻视你，你为何要生气？

当你离开原来有实权的工作岗位时，也会遇到这种情况：以前常登门做客的朋友和亲人不来了；路上碰到熟人打招呼的时候，对方不如以前热呼了；去其他单位办事时，也不如以前顺利了。有些人因此就想不通，觉得那些人全是势利眼。“原来以前都是奔着我手中的权力来的啊，都是拍马屁，说的都是骗人的话，他们根本不尊重我这个人！”有这种想法的人不在少数，甚至有人更加疯狂地玩弄权力，犯下后悔莫及的错误。

我们遇到这种情况时，该怎么办呢？就是要拿得起放得下，有一颗超然的心，理性地看待人际交往中许多势利的现象。佛家有云：“菩提本无树，明镜亦非台。本来无一物，何处惹尘埃？”用一颗势利之心去看人，就会活在势利中。只有身在名利场，不被名利缚，保持一颗平常心，才可在拥有财富、地位的同时，不被这些东西迷住心窍！

对于世态炎凉，有一个过来人曾诚实地说：“任何一个人，包括我自己在内，以及任何一种生物，从本能上来看，总是趋吉避凶的。假如我处在别人的地位上，我的行动不见得会比别人更好！”

一个人如果能够这样思考问题，则世间的一切冷暖炎凉均无法伤害他了。

◆ 即使天塌下来，也要有一颗从容的心

有一句经典的话是：“泰山崩于前而色不变，麋鹿兴于左而目不瞬。”意思是，泰山在眼前崩塌可以面不改色，麋鹿在面前狂舞而眼睛都不眨一下。这是做大事的人需要具备的一种心理素质。

一个人如果不具备这种心理素质，就会心神不宁、患得患失，行为举止失去控制。这样怎么能在混乱中寻觅正确的出路和抓住别人都忽视的先机呢？由此可见，一个人不具备这种素质就注定无法

干大事，无论在世界上如何卖力折腾，也只能是仅仅可以养家糊口而已!

我参加过一种叫“走火大会”的活动，惊险刺激，专为考验人的心理素质而设，一般在夜里12点左右举行。在地上铺一条五到八米长的木炭，火花纷飞的木炭看起来让人联想到烤肉架上的烤肉，令人十分恐惧，给人一种只要脚踏上去，马上就会被烫熟的感觉。

那次我报名参加，在开始走火之前，主持人在旁边淡淡地说：“很多人走不到一半就退出了，因为他们只记住了心中的恐惧，忘了到这儿来想要的是什么!”

我记住了这句话，跟在一名高大男子的身后。他不仅身强体壮，而且看上去也是自信满满。我想：有这样的人在前面引领，我一定可以走过去。脚踏上去以后并没有烫的感觉，只不过两旁飞溅的火星，烤得脸发热、心发慌，十分吓人。我渐渐有些脚软，几乎就要退出，但这时脑海中想到主持人的那句话，于是定下心神，盯着对面——我要到达对面，喝到胜利的啤酒!

我这样想着，步伐大了起来，渐渐地不再恐惧，很快走了过去。遗憾的是，在我前面的那位男子刚好走了一半，就失神落魄地退出了队伍。

我问他为什么退出，他失望地说：“有点儿害怕。”

成功就像“走火大会”，失败的原因恐怕不仅仅是因为力量薄弱、智能低下，更有周围环境的威慑。面对险境，很多人早早就失去了平和的心态，慌了手脚，乱了方寸。因为害怕，看似勇猛的男子放弃了本来很简单的一项考验。

《菜根谭》中说："觉人之诈不形于言，受人之侮不动于色，此中有无穷意味，亦有无穷受用。"意思是，发觉被人欺骗不要在言谈举止中表露出来，遭受人家侮辱时也不要怒形于色。一个人能够有吃亏忍辱的胸襟，在人生旅程上自会妙用无穷，对前途事业也是一生受用不尽。不管对方说什么、做什么，我们都不要急于表露自己的反应，要冷静应对，给自己充裕的思考时间。遇到好事，我们不要得意忘形；碰到难题也不要急得跳脚，像热锅上的蚂蚁。如果能达到如此境界，可以说以后不管处在什么样的环境中，我们都拥有了翻身的最大资本！

世界上很少有人具备天塌下来也不惊慌的心态，所以成功的人总是少数。回顾一下自己，是否在和陌生人谈话时胆战心惊？是否在一个陌生的环境中辗转难眠？是否在与人发生摩擦纠纷时暴跳如雷？我曾见过这样真实的一幕——有两名司机在拐弯时车子发生了剐蹭，其中一辆车的后视镜被撞坏了。本来是很小的交通事故，分清责任然后赔偿就是了。谁知这两位司机的脾气都很火暴，从车里出来做的第一件事不是有事说事，而是直接大打出手，又扔砖头又抄棍子，都伤得不轻。结果小事变成大事，两人都进了拘留所。这就是声色外露的表现，为什么不平心静气地想一想呢？即使你赢了这场"战争"，又能获得多少利益？如此得不偿失，不如息事宁人。哪怕吃点儿小亏，早早离开，做自己最该做的事，才是聪明人的选择！

人际交往过程中，那些心理素质超强的交际高手总能在短短几分钟内让陌生人成为朋友；而那些心理素质较差的人遇到陌生人总无法做到从容，拘谨、胆怯，不知如何攀谈，原本准备好的开场白忘得一干二净。在这种不良心态的影响下，一个人要想做点儿什么事，那真是难上加难。

我们应该如何避免因怯生而造成的尴尬局面呢？这里提供几种方法，不妨一试。

1. 问话探路法。把对方假设成一般的过路人，然后像问路一样，找一些自己心里有数却佯装不知的问题请对方来回答，这样你就取得了话语上的主动。无论对方的回答对与错，你均须认真地听，即使对方说错了，你也应该“将错就错”地表示谢意。

一旦双方对话的闸门打开，原先那种陌生感自然就会消失。通常情况下，没有人会恶意拒绝一个虚心请教者。只要对方愿意回答你的话，你所预期的社交方案便已经成功了一半。不过，问话探路法只适用于和一个陌生者搭话，若和一个团队接触则不适用。

2. 轻松探微法。和一个陌生人初识，有时只需抓住对方工作或生活的某个细节，就会很顺利地叩开双方的沟通之门。

仔细观察一下你身边的陌生人，看看他们是否有比较特别的地方，比如对方穿着上是否有异域风情的配饰，使用的手机款式是否让你青睐，所抽香烟的牌子……谈论这些细节可能立刻就能吸引对方的兴趣。聊天最好选择节奏感比较轻松明快、无须费神思量的话题，这样就不会让人对你的搭话产生反感。有时候即使无语，只要向对方投以会心一笑，也会拉近彼此的距离。

俗话说："一回生，两回熟。"第一回你就怯生而不语，何来第二回的相熟？要想尽快和一个群体相熟，不说话是不行的，但说话也要看怎么说。面对你一言我一语的探问，你千万别忙着去应答任何一个问题，因为你还没答完一个问题，第二个、第三个问题又在等着了。那么，怎样才能把握好与陌生群体对话的时机呢？有几种开门见山的"开场白"，你可以试着用。比如"初来乍到，请大家多关照""今后我们要一起共事了，我有什么不妥之处还请各位包涵""作为新人，能得到大家如此热情的招待，真让我感动不已"，等等。

第八章　混社会靠实力——武林高手是这样练成的

混社会靠什么？

有人说，关系、人手、钱、强有力的后台……诚然，这些都很重要，但是最关键的只有一句话：实力！没实力在当今这个社会是很难混下去的，实力是一切的前提！

◆ 先在洞中修炼，再来决一死战

小时候，我最喜欢看香港武打电影。看得多了，我发现武林高手们都有一个共同的经历——先是在江湖中遭遇厉害的对手，被人家打得落花流水，小命差点儿都丢了。于是逃往深山洞中，开始了漫长而艰苦的修炼，终于练成绝世武功，重出江湖，从此天下无敌！

从一个武林高手的成长经历中，我们能悟出什么成功秘诀呢？毫无疑问，这就是忍耐！一个浮躁没有耐性的人，是绝对练不成武林高手的，他能学到的只是花架子而已，来到“江湖”上只有被人嘲笑和欺负的份儿。我们既然都羡慕武林高手的功夫，为什么不去学习人家忍耐的意志呢？

只有埋头，才能出头！凡成大事者，没有一个不曾闭关修炼的。埋头是出头的前奏，是为出头作积累、作准备；出头是对埋头的回报，对埋头的奖赏。那些一鸣惊人的人大都是在长期努力下，用心血汗水乃至生命代价才换取成功的。一个人如果只想出头，不去埋头，那么永远都不会成功！

隋朝的时候，隋炀帝十分残暴，各地农民起义风起云涌，隋朝的许多官员也纷纷倒戈，转向帮助农民起义军。隋炀帝因此加重了疑心，他对朝中大臣尤其是外藩重臣，更是易起疑心。

唐国公李渊（即后来的唐高祖）曾多次担任中央和地方官，所到之处，悉心结交当地的英雄豪杰，多方树立恩德，因而声望很高，许多人都来归附。这样，大家都替他担心，怕遭到隋炀帝的猜忌。正在这时，隋炀帝下诏让李渊到他的行宫去觐见。李渊因病未能前往，隋炀帝很不高兴，多少产生了猜疑之心。当时，李渊的外甥女王氏是隋炀帝的妃子，隋炀帝向她问起李渊未来朝见的原因，王氏回答说是因为病了，隋炀帝又问道：“会死吗？”

王氏把这消息传给了李渊，李渊更加谨慎起来，他知道自己迟早为隋炀帝所不容，但过早起事又力量不足，只好隐忍等待。于是，他故意败坏自己的名声，整天沉湎于声色犬马之中，而且大肆张扬。

隋炀帝听到这些，果然放松了对他的警惕。这样一来，才有后来的太原起兵和大唐王朝的建立。

《论语》说："巧言乱德，小不忍则乱大谋。"我们一定要清楚地认识到——忍耐并非软弱，而是一种策略，让我们有足够的时间来养精蓄锐、增强实力，这是对命运的默默挑战。忍耐不但不窝囊，反而很明智。哲学家柏拉图说："耐心是一切聪明才智的基础。"当你明知自己还是鸡蛋的时候，何必非要往石头上砸？不如先躲藏在洞中修炼，修炼成武林高手之后，再出来决一死战！

问问你自己有这样的勇气吗？为了实现一个目标，不惜放低自己的身价，不惜让自己过一段苦日子。对于这样的委屈事，相信许多人都会说"不"，因为他们追求的目标不是忍耐，而是享受。所以，他们的一生注定只是小打小闹，过着既饿不着也发不了财的平庸生活。

我们常会看到有的人在不起眼的岗位上默默努力着，突然有一天鱼跃龙门，跳到一个更高的位置上，游刃有余地承担起更关键的工作。而另一些人多年来为什么还坐在那把固定的小椅子上？原因就是当他们同样领着极少的薪水时，一个在埋头积累使自己终身受益的经验、增强自我办事能力以及开始长远的发展计划；而另一个利用一切业余时间玩网络游戏，在碌碌无为中错过了机会。

在现实生活中，不是每件事都让我们称心如意，也不是每个人都让我们看着顺眼，总会有烦躁、抱怨或者愤怒的时候。这时我们要憋住劲、咬住牙，经得起沟沟坎坎的考验。如果动不动就情绪冲动，没有一点儿耐性和肚量，那么就算成功来到你身边，也会被你这副“尊容”吓跑！

◆ 现实不认可学历，只认可经验和努力

有个刚毕业的名牌大学生被分到一家民营企业，所以他就成了单位里学历最高的人。一天，他到单位后面的池塘去钓鱼，刚好单位里的两位领导也在。领导们一边聊天，一边钓鱼。大学生简单地向两位领导打了个招呼，然后想：这两个没有文化的土老帽儿，有什么好聊的呢？

过了一会儿，一位领导内急，放下手中的钓鱼竿，噌噌几下，从水池上跑到对面的厕所。刚来的大学生大吃一惊，莫非这是传说中的水上漂？领导解手归来继续钓鱼。过了一会儿，第二位领导也出现内急，噌噌几下，也踩着水到了鱼池对面。大学生蒙了，为何领导都有水上行走的功夫？但自己好歹也是名牌大学生，不好意思去问个究竟。

没过多久，大学生像被传染了一样，也出现内急。池塘两边有围墙，要想到对面的厕所需要绕走十分钟的路，而回单位上厕所路又太远。怎么办？大学生实在憋不住了，也起身往水里跨，心想：我就不信这两个土包子可以过的水面，我堂堂一个大学生过不去！

只听“咚”的一声，大学生栽进了鱼池。两位领导急忙把他从水中捞出，关切地问：“为什么想不开要往水里跳？”大学生苦着脸说：“为什么你们可以过去，而我不能？”领导相视而笑，说：“你有所不知，这个池塘原来有两排可以走到对面的木桩。这些天由于下雨，水面暴涨，看不到了。我们都清楚木桩的具体位置，所以可以踩着过去，而你怎么不问一声就往水里跳呢？”

这个故事说明了什么道理呢？很显然，它说明了积累经验的重要性。一个人的学历再高，只能代表过去，并不意味着能力也同样如此。一个人只有不断总结经验才能少走弯路，顺利成功。而现在胸怀大志的年轻人总是凭着一股闯劲，在商海里疲于奔命，最终的结果往往是一无所获。他们不知道，唯有多积累经验才能将自身的综合能力提高，才能把自身这个“蛋糕”不断做大！

一个人能否把事情做好，不仅靠智商和能力，同时还需要经验积累。有两个人做同样一件事，一个是智商普通但做了十年的笨人，另一个是在该领域毫无经验的聪明人。如果他们比赛的话，你认为谁会取胜？毫无疑问，前者肯定优胜，否则就不会有熟能生巧这个词了。

张钰在读大学时，学的是市场营销专业，加上自小就对时装感兴趣，所以在大四还没毕业的时候，她就有了自己开一家服装店的想法。由于家庭条件不错，父母也比较支持，给她提供了所有的创业资金，而且所有的工商、税务、财务、店面的装潢都是父母亲手帮她操办的，她唯一做的事情就是等着开业就可以了。张钰认为自己找到了施展才华的舞台，发誓要大干一场，三年内开五家分店，挣够自己人生的第一个一百万！

但开业还不到三个月，张钰就开始打退堂鼓了。每天没有几个顾客光临，别说赚钱，每天卖衣服的钱连交房租都不够。如果不是父母支持，早就喝西北风了。而张钰的隔壁也是一个女孩自己开的服装店，每天都是顾客不断，而且走进她店里的顾客几乎都会买她的衣服，很少有人空手离开。

张钰很纳闷：论学历，自己是大学生，而那个女孩只是初中毕业；论口才，自己还算能说会道，而那个女孩说话还带地方口音；论长相，自己还算得上是美女，而那个女孩只是长相普通……凭什么她的衣服就会比自己卖得好呢？

有一天，张钰实在忍不住了，就拦住从女孩店里买完衣服的顾客，生气地问："我的店里有和她一模一样的衣服，价格也都一样，为什么你买她的，而不买我的？"顾客笑着说："我已经是她的老顾客了，她一看就知道我适合哪件衣服，而且她推荐的每一件衣服，我穿在身上别人都说漂亮。但是我来你店里选衣服，你推荐给我的都是不适合的，所以我感觉买她家的衣服更放心。"张钰听了顾客的话，虽然很伤心，但是确实有道理。半年后，隔壁女孩的生意红红火火，而自己的店生意冷清，自然也就关门停业了。

事实正是如此，现实是不认可学历和激情的，只认可切实的经验和踏实的努力。

为了积累更多的经验，我们就需要调整对待工作的态度，一个人对待工作的态度决定着他日后的发展前景。如果我问大家一个问题："什么样的工作才算是好工作？"相信很多人都会回答："当然是薪水越高越好！我们努力学习了这么多年，不就是为了能在工作中多赚些钱吗？"的确，我们如此努力学习，谁都希望有一个好的结果。但对真正聪明的人来说，赚钱多少并不是衡量工作的唯一标准。以挣钱多少来选择自己的工作，无疑是目光短浅的行为。

安·傅洁在商学院毕业后接受了薪酬最低的工作，几年后成为杨·罗必凯公司的CEO。面对采访，她说："你不能只是从赚钱多少来选择自己的职业。我当然希望能多赚钱，而且这份工作也的确给我带来了不错的收入，但如果只是按照赚钱多少来选择职业，我会踏上一条完全不同的道路！"

如果你是一个志向远大的人，我奉劝你千万不要太在乎自己的学历，也不要关注太多眼前的东西，要学会放眼未来，避免陷入短视的误区。要记住，工作不只是挣钱，而是挣未来。工作不仅意味着生存，更意味着发展，就像射击运动员一样，关注的永远只有一个靶心。你必须清楚，找工作就是寻找适合我们的行业，而不仅仅是今天要赚取多少钱。

假如你有雄心壮志，想要做出一番事业，那么请先在工作中积累经验！只要你能在工作中提高自己，为将来的自我发展作好准备，便是最大、最好的回报。这样才能在赚取生存资本的同时，使自己的人生价值得到体现，未来的蓝图也会在工作中明朗起来。

◆ 性躁心粗的人一事无成

当全社会都奉行“豪宅、宝马、年入百万”的成功标准时，每个人都将陷入追求成功的浮躁中。

我们不知道这种标准正确与否，唯一可知的是，全社会都在追求成功，尽管我们并不知道什么叫做成功。开发潜能、拓展人脉、身心平衡、执行力、细节、沟通、行销、感恩、励志、提升……我们用尽了所有的方法和词语来表达迫切希望成功的心情。

在当下的浮躁情绪中，我们急功近利，幻想一夜暴富。在大多数城市的周末或者傍晚，你经常会看到成群结队的西装、衬衣人士忙忙碌碌。他们在某栋写字楼的某间会议室里热诚地参与着某些培训、讲座、分享沙龙。在写字楼的电梯里，我们经常可以听到这样的对话：

“李老师上次讲的什么课啊？”

“如何在三个月里赚到一百万。”

“天哪！我没有听到。”

“不要紧，下星期还有一个分享会，李老师会和他的弟子一起来和我们分享心得。”

是的，这就是很多人在梦想的事情——通过一次培训或经验

分享就可以“在三个月里赚到一百万”，哪怕没有，只要能赚到五十万、十万也是物超所值。

我们何时变得如此迫不及待？何时把成功简化为金钱的数字游戏？又是何时为这种成功目标定下了急切的时间表？这种浮躁的心态最终会把我们带到哪里去？

记得高三那年，我报名参加了一场全国性的作文比赛。如果比赛中能获得一等奖，就可以免试进入名牌大学。这让我兴奋不已，我当时暗暗告诫自己，一定要拿到一等奖！我把希望全部寄托在这场比赛中，期望一举成功。每天心浮气躁，正常的课堂学习几乎无法忍受，因为一旦走捷径成功，这些学习都不需要了。但结果如何呢？想必你也猜到：我并没有拿到一等奖，只是勉强得到三等奖。那年高考，我以失败告终。

这样的思维模式在现实中屡见不鲜。许多人看到周围的人都成功了，于是恨不得自己也立刻站到人生的领奖台上。整天幻想一步登天，眼睛盯着空中楼阁。这样一来，越是急于成功，反而越会失败！

相信大家都有过买彩票的经历，幻想好运从天而降，突然中头奖。事实上，世界上能有多少人中头奖，一夜暴富？又有多少人能像“超级女声”那样一夜成名，从此高枕无忧？要知道，垒个窝还要一砖一瓦地去堆砌呢！漫长的人生之旅又怎能一蹴而就呢？

我见过许多害怕艰苦、浅尝辄止的浮躁者，他们不停地跳槽、换行业，在某一领域学点儿皮毛就自以为了不起了，然后急着创业，嚷着去干大事。结果三年两年，失败而归。总结教训就是一个“躁”字惹的祸。你不可能恋爱两天就结婚，生孩子还需要十月怀胎呢，何况我们一生要做的事业？抄小路走捷径，即便可收一时之效，也终究成不了大气候。

有一位公司的CEO，他经常在发给员工的电子邮件中写道：“学会庆祝每一个小小的胜利，为赢得日常的战斗而欣喜。因为正是你们每个人的小成功才铸就了公司的大成功！”这位CEO此举的目的就是让员工摒弃好高骛远的浮躁心态，明白脚踏实地的意义。

孔子说：“无欲速，无见小利。欲速则不达，见小利则大事不成。”越是急于求成，心态就越是浮躁，在执行过程中就越容易出错。对于性躁心粗的人来说，一定要牢记——车开快了会发生交通事故，人生过于浮躁，同样一事无成！

◆ 不要做“只想要金子却不理会矿石的人”

前段时间看中央电视台一档鼓励青年创业的节目，请来了成龙发言。成龙拿着话筒说，自己年轻的时候，有一天晚上和元彪一起拍一个镜头，就是两个人从墙头往下跳，跳得腿都疼了。这时导演问，有没有事？成龙和元彪忍着痛说没事没事。因为一旦说有事，第二天就没有工作了。好不容易拍了十几次，终于通过了。这时候，两个人分到了一天的工钱。他们躲在墙后数了数，每人是三十五块……讲到这里，成龙的眼泪都流出来了。

《菜根谭》中说："金自矿出，玉从石生。"每一个成功人士都是经过艰苦修炼而诞生的，就好像矿石不经过冶炼就不能成为黄金，石头不经过雕琢就无法成为美玉一样。每个人都应该明白，既然我们喜欢黄灿灿的金子，就要忍受炼金的过程，没有人能够随随便便成功，我们又怎能轻易省略掉这个过程？所以我们要接受这个残酷的挑战。不然，我们就是一个懦弱的人，一个缺乏坚强意志的人，一个在困难面前当狗熊的人！这样的人必定与成功无缘，无论做什么都将一事无成。要知道，一个只想得到金子却不把矿石看在眼里的人，其实就是一个"聪明"的傻子。

有一个二十几岁的年轻人，整天计划让自己的人生像比尔·盖茨那样辉煌，不说成为世界首富，至少也要在中国创办一家拥有千万资产的大公司。可笑的是，他连一份普通的工作都找不到。大学毕业后，他先后去了四家公司，最后都因上班迟到早退被炒鱿鱼。

年轻人对辞退自己的公司非常愤怒。他对人事部经理说："我警告你，在不久的将来，我会创办一家非常大的公司，自己当总裁。你竟然有眼无珠炒我的鱿鱼，那咱们走着瞧吧！"那位经理笑着对他说："你连一名合格的员工都做不好，连最基本的人际关系都不会处理，竟然还想自己创办公司，这不就像一个人连路都不会走，竟然想跑一样吗？”

年轻人不把普通工作放在眼里，一心只想当大公司总裁，这种心情可以理解，但在现实中他的做法无疑是错误的，他这样做就成了一个只想要金子却不肯理会矿石的傻子。要知道，日常的工作虽然平淡无奇，但就像蕴藏金子的石头一样，我们只有在其中经受千锤百炼，才能成就伟大事业。

一个人要想取到真经，就要经受磨难。唐僧师徒前往西天取经的故事，我们都背得滚瓜烂熟了，但其中的道理很多人还是没有悟透。很多人仍然只是追求结果，而忽视美好事物产生的过程，不肯付出一丝一毫的努力，幻想坐享其成。这种浮躁心理是非常危险的，因为这只是公子哥儿的浪漫想象。如果你没有含着金汤匙出生，做这样的梦就是不可原谅的。你一定要明白，朱元璋不可能生下来就是明朝皇帝，他必须经受乞丐、和尚身份的转换和历练。在他还是和尚和乞丐的时候，就连他的亲生父亲都没有想到他能够坐到皇帝的位置。也许他自己当初也没有料到，但是他每天都在默默努力着，他的付出换来了光辉耀眼的结果——一顶金灿灿的皇冠！

我曾经听过一位专家的访谈，是关于教育的，感触很深！以前的教育是要我们一味地追求结果，大都忽略了过程。在老师和父母眼中，孩子能考出好成绩、考上大学，这才是最关键的，其他的教育细节都可以忽略不计。然而真的如此吗？在应试教育中，我们虽然让孩子掌握了一些知识，但丢掉的是一生的能力，而这些能力往往是在日常生活中习得的！

◆ 认清自己的能力底线

记得小时候削铅笔，刚开始我总想削成最尖的，结果往往会折断。这给了我很深的教训，以后再削铅笔，我都会适可而止，不求最尖了。关于这个道理，老子在《道德经》中曾说："持而盈之，不如其已；揣而锐之，不可长保。"意思是，对已贮满的器皿，不如停止不注；宝剑打磨得过于锋利，就不能长期保持。同理，如果一个人迫不及待地想将一件事做到完美极致，最后反而因过于强求导致失败。

世人往往忽视这一点，凡事总是求全求美，绞尽脑汁企图达到这个目标。其实，不论何事都应量力而行，因为有上坡就必然有下坡，也就是有上台必然有下台的一天，事情到了一定限度必然发生质的变化。这就是"天道忌盈，业不求满"的真义。

有这样一个禅学故事：

有一位武术大师隐居于山林中。

听到他的名声，人们都千里迢迢地来寻找他，想跟他学些武术方面的窍门。

他们到达深山的时候，发现大师正在山谷里挑水。

他挑得不多，两只木桶里的水都没有装满。

按他们的想象，大师应该能够挑很大的桶，而且挑得满满的。

他们不解地问：“大师，这是什么道理？”

大师说：“挑水之道并不在于挑得多，而在于挑得够用。一味贪多会适得其反。”众人越发不解。

大师从他们中拉了一个人，让他重新从山谷里打了两桶满满的水。

那人挑得非常吃力，摇摇晃晃，没走几步就跌倒在地，水全都洒了，那人的膝盖也摔破了。

“水洒了，岂不是还得回头重打一桶吗？膝盖破了，走路艰难，岂不是比刚才挑得还少吗？”大师说。

“那么大师，请问具体挑多少，要怎么估计呢？”

大师笑道：“你们看这个桶。”

众人看去，桶里画了一条线。大师说：“这条线是底线，水绝对不能高于这条线，高于这条线就超过了自己的能力和需要。起初还需要画一条线，挑的次数多了以后就不用看那条线了，凭感觉就知道是多是少。这条线可以提醒我们，凡事要尽力而为，也要量力而行。”

不管做人还是做事，我们都要牢记，为自己设定一个能力底线，不要苛求自己做勉为其难的事。挑水如同武术，武术如同做人做事。在制定目标时，一定不要脱离自己的实际情况，要循序渐进，逐步实现自己的计划，这样才能避免许多无谓的挫折。

为人处世其实并没有什么秘诀，一项最重要的素质就是克制。

如果看见一块地就想播种，遇到宝物就想据为己有，有个念头就想立刻实现，投入所有的心力，最后肯定会过犹不及，精力全部透支耗尽，不出错误才怪！所以，你必须要克制自己求大求全的心理奢望。

越想把一件事做到百分之百好，就越难心想事成，总会出现各种意想不到的问题，把自己搞得身心疲惫。当我们抱着平和的心态做事时，内心不去过分奢求，反而能顺利地实现目标。

从生活的积极意义来讲，不强求是获得心灵快乐的一种方法。一个奢求太多的人体验不到幸福的滋味，因为他的眼睛总是盯着实现不了的东西。自己明明是条小蛇，却妄想一口吞下一头大象。在这种心态的驱使下，做人做事都会急功近利，一不小心就会误入歧途。等被大象踩在脚底下时才翻然醒悟，可惜再也没有回头的机会了！

◆ 标新立异没有错，但别在阴沟里翻船

人的本性总是喜新厌旧，正如那句老话说的“新不如旧”。

当我们要踏入一个新领域，投入新生活的时候，一定要有周密理性的分析和细致的安排，要从大局出发、从长远的利益考虑。只有这样，我们所谓的标新立异才会真正体现它的价值，否则就会使自己深深陷进去，得不偿失。

明朝洛阳有个商人，一辈子都在经营绸缎生意。他把南方的丝

织品倒卖到北方，从中赚取差价。当时南方是全国奢侈品生产中心，量大质优，这项生意虽然奔波辛苦，但赢利一直很稳定。

商人快六十岁的时候得了一场重病，两个多月卧床不起。临死前，他把所有的生意都交到二十几岁的儿子手中，嘱咐道："江南盛产佳丝已经两千年，这是门绝不亏损的生意，你一定要把它守住，一代代地传下去！"说完商人就断气了。

这位少公子满口答应，起初也是谦逊地向店里的伙计请教，还亲自跑了一趟江南，跟当地的作坊主套交情。可父亲下葬还没半年，少公子就开始瞎琢磨了，他想：现在关外匪贼作乱，官军急需优良马匹，兵部也下文重金求马。这可是地地道道的暴利生意，一匹好马抵得上十匹丝绸。恰巧，他刚结识了一个从关外回来的马匹商人，正好买马也有门路。想到这里，他就真的动心了，迫切想做成这门生意。

在家人和伙计的强烈反对中，他变卖了绸缎庄，成立一家马社，拿着钱和那位马商一起到关外的草原买马。谁知刚出城门就遇上了劫匪，几十万两银子被抢个精光，不仅如此，少公子在搏斗中还搭上了性命。这家生意红火的商铺由于失去继承人，从此就销声匿迹了。

少公子标新立异，一心想干大事，这个志向值得肯定，但他忘了做生意不但要考虑赢利，还要考虑风险。当时关外连年混战，事实上已经处于无政府状态，贩马虽然赚钱，但要冒着被土匪劫杀的生命危险。事实证明，这位少公子“创新”的想法很好，最后的结果却很糟糕，连小命都赔上了。

做生意当然需要求新求变，一直活在过去的框框内永远不去突破，早晚会变得暮气沉沉。但我们要牢记的是——绝不能刻意求变，跟旧的东西完全划清界限。凡是创新就意味着冒险，如果不经缜密的调查，不制订详细的计划，不作最充分的准备，就很可能新机会没把握住，原有的本钱也全丢了。

《菜根谭》中说：“惊奇喜异者，无远大之识；苦节独行者，非恒久之操。”意思是，做事喜欢标新立异、哗众取宠的人，一般没有高远的见识；一个自命清高、特立独行的人，操守也没办法保持长久。

在这个世界上，到处都是标新立异和哗众取宠的人，但成功者寥寥无几。他们大都属于盲目的创新者，刻意搞怪，陷入一相情愿的自我幻想中，制订的策略根本不具有可行性。这样的标新立异者，哪怕口号喊得再响亮，也只会徒劳无功！

◆ 成功属于沉默和隐忍的人

民国时期的走红作家张爱玲曾说过一句经典的话：“成名要趁早。”这句话误导了不少二十几岁的年轻人，他们以为趁年轻成名、成功才是王道，完全忘记了人生是需要踏实修炼和潜伏的。事实上，张爱玲本人的经历也证明了这一点，她晚年在美国发展，处处碰壁，最后病死在一间阁楼里，一个多星期后才被人发现。这正应了《菜根谭》中说的一句话：“伏久者飞必高，开先者谢独早。”

年少成功、成名的快事，很多时候是可遇不可求的。真正能成大事的人往往都是厚积薄发、后发而先至。他们在年少时并不显眼，甚至比同龄人还略逊一筹，但随着岁月的流逝、阅历的增加，他们渐渐显露锋芒，在人生的赛道上实现了飞跃。

日本人对这一点理解得相当透彻。

德川家康是一位大器晚成的政治家，他在日本的战国时代能够成功，关键就在于能够做到默默地积攒实力。虽然成名很晚，但他的每一步都走得很坚实。青年时代不当出头鸟，也不主动消耗实力，而是抓紧时间提升自己的政治军事经验，蓄势待发。你看，在他年轻时，最风光的是织田信长；到他壮年时期，丰臣秀吉独领风骚。而他总是那个不被人注意甚至有些被人瞧不起的人。

后来，狂极一时的丰臣秀吉因为好战冒险，派兵挑战当时强大的中国明朝。明朝派出精兵强将，丰臣秀吉不堪一击，遭到史无前例的惨败，随之病死。这时，已经“潜伏”得差不多的德川家康横空出世，顺理成章走上历史的前台，一展才智，统一了日本，拉开了德川幕府时代的序幕。这时世人才发现，原来在过去的几十年里，德川家康每年都没闲着，一直在增强自己的实力！

德川家康有一句名言：“人的一生就像背负着沉重的行李走路，急躁不得。”这句话可以视为他对自己人生的总结。在不惑之年才登上成功舞台的德川家康，经历了充足的孕育，所以打下的江山持久稳定，这对我们有着很强的启示意义。

少年成功存在运气和偶然因素，与其相比，大器晚成则是可以追求和自我控制的。苏东坡的父亲苏洵，《三字经》中有一句是这样写他的：“苏老泉，二十七；始发愤，读书籍。”他当了二十七年的文盲后才开始读书，在历史上留下了苏门三父子的美名，还教出了一个大文学家的儿子。再看看神童仲永的故事，他从小聪明无比，长大后却一事无成，这不能不让人慨叹岁月的无情。在成长过程中，时间无时无刻不在起着优胜劣汰的作用，它会考验一个人的恒心、自控力，还有对未来判断和选择的能力。所以，少年天才并不可靠，与他们联系最多的一个词是“昙花一现”。只有那些甘于潜伏和隐忍的人，才能在残酷的竞争中笑到最后。

许多伟大的艺术家的人生也验证了“老当益壮”“大器晚成”的道理。这些伟大人物早年大都颠沛流离，作品不被认可，想法遭到排斥，直到晚年才受到追捧或者重视。艺术大师黄宾虹和齐白石都是到了晚年才成名的。

2008 年，在北京奥运会开幕式上演唱《歌唱祖国》的小女孩林妙可一曲成名，一夜间红遍大江南北。有人羡慕说：“如果我的女儿也有这样的机会就好了！”恰恰相反，对大多数人来说，应该庆幸自己的孩子是平凡的。因为过早地把孩子抛到大众面前，让她成为一个“优秀得让人忌妒的人”是非常危险的。一个孩子从小就面对闪光灯，潜意识中极容易埋下虚荣的种子，而虚荣是一剂毒药，很可能让孩子长大后滑入失败的深渊。如果父母引导不当，再聪明的孩子也会错过人格发展的关键阶段。

我们一定要牢记，上帝总是厚爱那些沉默和隐忍的人。年轻时看到他人风光，我们不必眼红忌妒，只要持之以恒地做事，积极认真地做人，每个人就会迎来自己的成功！

第九章　混社会要装×——你的气场会告诉大家你有几斤几两

混社会必须学会装×！社会是一个大舞台，如果以原生态的面目展示自己，那演技就太低劣了！事实上，那些气场强大的人大都是装×装出来的，只要掌握一定的技巧，你也可以做到。从现在开始，从细节中打造自己，让别人看到你与众不同的气场！

◆ 打造气场第一件事——挺胸、收腹、提臀

衣服是一个人气场的外包装，所以我们要尽量把外包装打造得体。但是，如果内在气质已经变形，那么不管外包装多好也没人会驻足。如果你穿一件很气派的服装，却缩头缩脑，含胸驼背，你也照样不会吸引人，人们早就从你的含胸驼背中看到了你的自卑、失落和彷徨。

所有的人都欣赏和羡慕美好的事物，尤其在这个世界，那些美好的事物在一个人身上的表现就是——乐观、勇敢、独立、智慧、权力、成功、富有、进取、性感、青春、知性。而这些词演绎出的就是一个人的气场，这正是个人无以匹敌的品牌。

或许你认为到处都是友善的人，没有人会注意你的表现。事实上你错了，很多人都会关注你，如果这人是你的合作伙伴，更会审视你的表现。还有其他一些人也渴望看到你的“窘态”，比如喜欢恶作剧的人，他们也许会在你身边放一条毛毛虫，看到你尴尬和惊慌的样子，他们会哈哈大笑。

不要说这个社会不公，事实上是你做得还远远不够！是的，因为你的气场没有镇住他们。从现在开始，甩掉你的自卑和彷徨吧！你必须做到挺胸、收腹、提臀。

一、挺胸

挺胸绝不仅仅是某个女人为了显示自己的乳房，也不是男人为了显示自己发达的胸大肌。挺胸是一种姿态，蕴藏的是自信的力量。

当然，挺胸绝不仅仅是胸部的事，还包括腰部和你的整个脊柱。你可以尝试从腰部做起，慢慢地，一个骨节一个骨节地向上挺起。这样，你就不会像幼稚的小孩子那样畏缩，因为这是从腰眼中发出的气场。当然，如果你习惯了这个姿势，你很快就会发现，原来看起来饱满的腹部变得平坦了。

当然，习惯于含胸的人可能最初做起来会觉得有些不自然，但时间一长，你就会从内心里感受到自身气质的美妙。

二、收腹

一个含胸驼背的人，腹部不是收缩的，而是挤压在一起的。也正因如此，长期做这个动作的人，呼吸都是短促的，甚至不能畅快地呼一口气。自然，当你去和别人交谈的时候，说话也就没有了气度。所以，当你挺起胸的时候，同时还要放松你的腹部，让你的腹部器官适应这个空间，然后收紧腹部。那么，你的丹田之气就会聚集在胸部，可以支持你去尽情地展现你的自信。

收缩腹部的好方法是：靠墙站立，保持整个脊椎骨、脚跟、肩部和头部都贴着墙，这时，用力收缩腹部肌肉，大约 20 ～ 30 秒钟后放松。每天锻炼一次，你很快就会发现自己的气场慢慢变得强大了。

三、提臀

女人大都计较自己的臀部，似乎那是她们的第二性征的表现。但是男人往往对自己的臀部不甚在意，貌似这和他们的气场没有关系。事实上不是这样的。据美国心理学家研究发现，自然站立时，臀部自然上翘的人大多性格开朗、热情，易与人相处。

当然，在此提臀的主要原因是它需要支持腰部向上挺拔，进而影响到整个胸部和腹部的状态。一个经常提臀的人很少会呈现含胸驼背的状态，相对来说，长久挺胸收腹可以培养你乐观向上的积极气场。

当你具备了挺胸、收腹、提臀的自然本能，再加上大气的穿戴，那么，当你出现在某个社交场合，即使不发表言论，人们也能感受到你的气势。

◆ 内在气场的辐射——走姿与站姿

记得有一次，我和几个朋友一起喝咖啡的时候，因为无聊，就透过大大的落地窗看咖啡店外路过的行人，通过他们的衣装和气场来猜测对方的收入和职业状态。当然，路过的人很多，不过有几个印象很深刻。

第一个是三十多岁的中年人。一身灰色的西装和领带，还戴着墨镜。他走路很快，但是丝毫不影响上身的笔挺和稳重。大家都评论说这个人很自信，即使在一大群人中也能立刻被人们关注，感觉这是个做大事的人。

第二个是一个光头男人和一个女人。这个人看起来很强势，身材魁梧，衬衫整洁。他身边的女人看起来也很精干。这个男人一边走一边打手势，双肩和头部仍然稳如泰山，感觉有点儿咄咄逼人。而那个女人则亦步亦趋，甚至有点儿弓着背。很显然，这个男人是女人的领导，并且不是温和派，而是严厉派。

第三个是一个孕妇。看起来有些委靡不振，因为她低头、驼背，

还步履蹒跚，大概有些什么不顺心的事。

第四个是一个男人。虽然穿着西装，但是走路时低头哈腰，而且步子很小。他大概做了太久秘书之类的工作，所以总是处于跟随状态。

第五个是个农民工。由于气温有些高，所以他把脏兮兮的衣服卷起来，露出腹部，在咖啡店外面的长椅上蹲了一段时间。

第六个是个年轻女人。一身黑色，高跟靴子，黑色的小西装外还有一串棕色的项链，挺胸抬头，走路很快，应该是管理层的职业女性。

看完这些人，大概就能看出谁是气场最强的了。很显然，第一个就是那个三十多岁的中年人和光头男人。而那个孕妇和第四个西装男人很快就会被人遗忘。这就是走姿带来的气场。

如果挺胸、收腹、提臀只是形式上的气场，那么一个人的走姿和站姿就成为这个人气场最外在的表露。因为长期的职业习惯或者生活习惯，很快就会将一个人的气场大小区分出来。所以，在生活中一定要注意走姿和站姿，做好了，你的气场会瞬间提升百倍。即使你穿着破旧的衣装，人们也会看到你的气势。

拥有气场的正确走姿是这样的——

头部端正，下腭不要过高，这会让人感到傲慢，也不要过低，低头会给人丧气感。然后，两臂自由小幅摆动，不可过大。上半身保持挺胸、抬头、收腹的姿势；而下半身，两腿要并拢，不要外八字和内八字，外八字会给人轻浮感，内八字则给人以拘谨感。另外，步伐要适度，不要太小，小碎步要不得。脚步要轻盈、自如，这样会给人以放松感。

拥有气场的站姿——

站姿和走路的区别是，你可以从站立中看到这个人的态度。走姿往往意味着这个人很快就会过去。而站姿则是这个人内心强大或弱小的外在表现，既然是站姿，你首先要做到的是站着别乱动，否则人们会以为你想去小便。

现在，我们从下面这些站姿中看看这个人什么样。

一、胸部挺起、背脊挺直、双目平视的人

一个人如果平时就是这个姿势，则表示他自信心很强。当然，这样的气场很强大，会给人“器宇轩昂”“唯我独尊”的感觉。不过，只要他心情好，他会愿意和你交流任何问题。

二、两手叉腰而立的人

这是个很有攻击性的姿势，我们往往能从君王或者高级指挥官身上看到这个姿势，意味着指点江山。一般来说，经常使用这个姿势的人往往处于“老大”的位置，他可以随意教训他的下属。因为在他那里，没人能奈何他。

三、把两只手放进口袋

这是一个成熟的姿势。如果这个人弯腰驼背的话，表示他

很苦恼。当然，他肯定是有事情在考虑，并且不愿意向别人说出。所以，这个姿势你最好不要用，因为这会赶走想和你交谈的陌生人。

有些姿势很不好，需要杜绝。双腿交叉站立——这样的姿势让人感到你缺乏自信或过于拘谨；靠墙站立——给人以无力感。往往靠墙的人会叼着一根烟，他想和别人发发牢骚。

从现在开始，锻炼你的走姿和站姿吧！一个强势的人首先要有强人的姿势。那是你的身体语言，告诉对方你是谁！

◆ 双眼是气场命门，顾盼间释放能量

爱默生说过这样一句话：“人的眼睛和舌头说的话一样多，不需要字典，却能够从眼睛的语言中了解整个世界。”

确实如此，双眼是气场的命门，顾盼间能释放强大的能量。所以，如果你想要让别人读懂你的气场，那么你最好先让他读懂你的眼神。从你的双眼里，他会看到你是骄傲自大，还是谦逊温和；是贵族式的绅士，还是暴发户式的神气。进而，他会选择和你亲近交谈，或者不屑地从你身边走开。

记住：很多时候，不是我们的嘴巴说什么别人才会相信，人们更愿意相信自己所看到的！眼神就是如此，早在你开口说话之前，它就已经泄露了你想对另一个人说的话。

那么，你应该采取什么样的眼神来告诉对方你的气场呢？

一、眼神要正

不管你想跟对方说什么，你的眼神一定要有正气，不要猥琐。像老鼠一样转动你的眼球，会让人感到你是个不良分子。心理学家认为，当你看一个陌生人的时候，你的眼神在他身上停留的时间不要超过三秒钟，否则，会让对方不舒适或者认为你有敌意。

当你和别人交流的时候，需要正向的眼神，同时配合正面的动作。比如，在和某人说话的时候，你需要脸部正对他，头部不要歪到一边，这样，别人才会认真听你说话。否则，人们会以为你不是在和他说话，而是在自言自语。

二、通过眼睛传达你的自信

当然，如果你想要到老板的办公室要求他给你涨薪水，你就需要盯着他。此时，你的眼神带给老板的气场，会让他感到你的自信、坚决，他就会认真考虑你的要求。千万不要低着头，这会让他感到你内心的犹豫，你的愿望最终很难得到满足。

另外，当你准备说服客户采用你的计划时，也要专注地看着对方，让他感到你的自信和专业能力。尤其你想要说服一群人的时候，更需要给每个人灌输你的自信，而灌输自信并不是只靠你说的，更要靠你的眼神来传达一种意念。在眼神传达自信时，你可以在语气中作出肯定和强调的情绪。你会发现，你的听众很快就会被你打动，并且频频点头。

三、发生争辩时，你需要表达的眼神

遇到争辩时不要气短。当然，你可能说得很少，但是你一样可以打败对方，这就是眼神的威力。总的来说，你需要保持你的眼睛一直注视对方，告诉他你自己的看法很坚定。通过眼神的较量，如果对方心虚，他可能会把眼神投向别的地方，比如低头或者向上看，那么你就在不动声色中取得胜利了。

如果吵架不是你的长项，那么你可以用眼睛紧盯着对方，然后保持沉默，很快你就会发现沉默是“刀”，他会在你犀利的眼神下声音越来越小。

四、吸引人的眼神

要想吸引某个人，你的眼神就要作出对他感兴趣的表示。比如，看他的眼睛，适当地微笑，或者适时地抬抬眉毛。当然，长时间盯着某个人的眼睛是不好的，所以，你需要转换你的眼神。

有这样一个转换眼神的小技巧——

首先看对方一只眼睛五秒，然后再看另一只眼睛五秒，最后移到嘴部。这样三角形地来回移动，并且辅以你的微笑。很快对方就会被你吸引，变得愿意和你交谈。

五、你需要杜绝的眼部动作

不管和什么人交流，你的眼睛都不要做下面这样的动作：

目光游移，拿眼角的余光扫视别人；

偏着头，斜着眼睛看别人；

低头，翻着眼睛看别人。

以上三种动作一定要杜绝。这些眼神是心虚的、猥琐的、不屑的、气短的，别人看到这样的眼神，会以为你对他们有意见，或者你正在说他的坏话，或者在八卦另外的人。

总的来说，眼神是传达情感的最好语言，不管是你想吸引对方，还是告诉他你不好惹，都比语言要来得快！恰如其分地使用眼神，你会发现，你的气场会随着眼神而不断转换！

◆ 肢体语言越来越少，这样你的气场就跳出来了

我在等火车的时候总是看到有些人站着站着，全身上下就不老实了。三分钟换左脚，两分钟换右脚；然后摸摸头发，整整衣领；最后，没事干，玩起自己的手机。让人看得目不暇接，整个儿一大毛孩子！

这样的人，气场已经被败光了。想象一下，如果你的大boss开会的时候有这样的动作，你恐怕会笑翻掉。因为这位boss的严肃、权威都被这些动作搞掉了。所以，如果你有下属，那么你就要避免这些小动作，这会损害你作为上级的形象。而如果你执迷不悟，那么下属不听话，就是你咎由自取。

当然，在独处时最好的气场是——尽量减少你的肢体语言，直到几乎没有。控制你的四肢，让它们乖乖地听话，这样你的气场就出来了。

你可能不知道手放在哪里合适，如果手里有文件之类的东西，那么最好的方式是持到胸前。如果什么东西都没有，那就抱胸，抱胸但不要缩肩、含胸。另外，小腹最好收敛一下，别让你的肚子成为别人的焦点。如果觉得做起来困难，那么就把双手放低一些。千万不要有兰花指、摆弄头发、玩弄衣角之类的动作，这会让人感到你很小气、做作、心不在焉。另外，摆弄头发也会给人排斥感，如果对你有兴趣的男士走开了，可能是因为你摆弄头发对他的排斥。

腿部：站立的话，则双腿并拢站直，尤其是膝盖别拱着，否则会给人你站不稳、要跪下的感觉。另外，站累了也别懒散地倚门或者桌子、椅子，这些随便的姿势会让人感到你是个随便的人。避免双脚交叉的站姿，这会让人感到你在排斥他，或者你的内心很不安和紧张。

坐下的话千万不要跷二郎腿，女孩子会给人以轻浮感，而男士则会让人感到你在装大爷。坐着的时候，腿部不要来回晃或者上下颤抖，这会给人以心浮气躁、紧张过度的感觉。

另外，在肢体语言中，很多人还会有一些下意识的动作，比如揪耳朵、抠鼻子、摸后脑勺，等等。这些动作会很快出卖你，让你被别人一眼看透。如果你有些下意识的小动作，那么就要尽量避免，因为对方已经看透你，怎么还会被你的气场震慑呢？

一般来说，下面是一些揭示人内心的常见小动作：

一、捂嘴

这个动作在小孩和女孩子身上比较常见。一个小孩子跟大人说完话，会不由自主地捂住嘴。这样的动作一般表示他撒谎了，或者就是企图掩饰自己牙齿的缺陷。

如果你是一个经常捂嘴的女孩子，那么赶紧停止吧！不要认为这是个可爱的动作，因为，不管你说的是真是假，别人都会因为你的小动作而不再相信你。

二、摸鼻子和眉毛

男士经常会出现这个动作，这是捂嘴动作的延续。比如，突然想到捂嘴会被人发现，那么就顺势摸摸鼻子或者眉毛。如果你有这样的动作就要尽量避免。

三、徘徊在眼睛部位

戴眼镜的人如果不经意地触摸眼部，或者推推眼镜，则是表示："我说的是假的！"所以不得不找些小动作来掩盖，而眼睛是最容易透露人内心的窗口，只好遮挡一下眼部。当然，那些眼镜脏了或者眼睛进沙子的状况除外。

四、婴儿拳

婴儿拳是指把大拇指放在四根手指内的握拳方式。如果你在谈判，千万不要有这个动作。这会让对方知道你有怯懦的个性，那么他会大力打压你的报价，或者强势地提高自己产品的价位。

总的来说，不管是你的动作还是你的神态，都不能过于任意和随便，这会显得你太稚嫩！从今天开始，你要尽量避免这些动作，让自己各方面看起来训练有素。只有这样才能让别人把注意力放在你的思想上，从而打动他们，让他们服从你！

◆ 说话不要用喉咙吼出来，可以试着用腹腔发声

一个女人当众骂街："谁这么可恨！偷了我的菜！"尖厉的声音传遍了整个巷子。一个将军在战场上大呼："前进！杀他个片甲不留！"浑厚的声音贯穿整个战场。

想想哪个气场更大？

很显然是后者。喉咙的声音大不代表这个人气场足，最多让人感到这个人气势比较强劲。而后者则是用腹腔发声，这种声音的背后是横扫千军的气场！一个人说话的气场从来都不是由嗓门大小决定的，而是腹腔内蕴藏的底气。

声音的气场是从骨子里散发出来。而声音往往借气而生，如果只是来自喉咙里的气，自然会底气不足，而腹部的气（发自丹田）则会底气十足。最短的气是舌尖上的，话还没有说完，气就没了，以至于剩下的话到了嘴边也说不出来。

因为人不同，说话的方式也就不一样。

悲观、胆怯的人如果再缺少一些拼搏精神，说的话往往是唯唯

诺诺，没有底气，自然不会使用腹腔发声，甚至因此说话还会断断续续。话说了一半，后面连声音都没有了，剩下的就是叹气。说话自然很难有什么气场。这样的人自己情绪低落，而且也很容易让别人情绪低落，所以常常使人敬而远之。

职场上，很多胆怯的女孩子说话往往会被人忽视，就是因为她们总是用舌尖和喉咙说话。声音细小，没有力度，再加上思维混乱，说话没有头绪。一般人听两句就会厌烦，恨不得教训她一下，怎么连个话也说不清楚！

相对来说，乐观、幽默的人往往更吸引人。他们拥有内在的自信，说话自然有底气，不管是普通的聊天，还是大发雷霆的怒气，都不会让人小觑。他们说话有力度，干脆利落，不会拖泥带水。所以，人们更容易听从和信服。

看看那些站在讲台上作演讲的人，其实他们演讲的内容很多你已经知道，但是为什么你还会被他们鼓舞和感染？很简单，因为他们的声音气场！这并不仅仅是声音磁性的问题，更多的是他们声音传达出的力度感直接穿透了你的耳膜，刺激了你的大脑，让你为之振奋，甚至想为之欢呼。而这种力度，最根本的传达之源就是腹腔。

总的来说，如果你想让别人听你的，那么不妨从腹部发声，让自己底气足一些，那么别人或许就会对你侧耳倾听。

◆ 不要以为袜子、内裤、背心穿在里面别人不知道

当能够用几百块钱“仿真”做出一个比真文凭还真实的假文凭，当越来越多的人学会天花乱坠地忽悠人，比如开宝马的不一定是老板，也可能是司机，人们也就混淆了什么是真、什么是假，真正有料的人也因此被埋没了。

现在，满大街都是名牌西装、高档皮包、炫目手机和主流配置的笔记本电脑，其中不乏高仿真性质的尾货。所以，想从大面上的行头看出一个人的品位、气场，已经不够了。既然如此，最好的办法就是从细节上看，那些不登大雅之堂的物品才能体现出一个人的品位到底如何，比如袜子、内裤、背心、戒指……

如果你想成为真正有品的人，那就从细节入手吧！对于女士来说，二十块钱的胸衣和两百块钱的胸衣足以让你从内而外与众不同。而对于男士，一粒精致而大方的银饰纽扣会为你挣足面子。不要以为别人不知道，关键是不露底，你脸上就已经表现出来了。

一、男袜

品位从来不是品牌的堆砌。如果你穿了一身不错的行头，却配上一双不搭调的袜子，那么你的形象就会大打折扣。尤其对男士来说，这点尤为重要。因为在男士着装中，大家没有什么太大的区别，所以袜子的角色就尤为关键。

当然，袜子不会像金表或者领带那样可以吸引众人的目光，但这个配角是搭配的主角，因为搭配错了，很快就会引来别人鄙夷的眼光。

一般来说，男士的袜子除了在穿西装短裤外，袜口是不能暴露在外的。男士的袜子可以分为两种：西装袜和休闲袜。标准的西装袜以黑、褐、灰、蓝为主色，上面可有简单的提花。而休闲袜主要是白色和其他浅色，这些袜子在穿休闲服装和便鞋时搭配。

所以，如果你参加某个商务会议，一身衣装革履，这时你的袜子就不能是白色的休闲袜。这会让人嘲笑你的无知，因为那看上去会像斑马腿。

另外，因为袜子处于裤子和鞋子的中间部位，所以在选择着装的时候，注意袜子、皮鞋和裤子的颜色相近，从而使得下半身保持和谐。

二、女袜

女士的袜子要比男士的多得多。因为女士不仅可以穿裤装，还可以穿裙装，所以，一个女孩子袜子的搭配不仅要符合整体服装的搭配风格，还要和你的身材相符合。

正式场合，如果是裙装，穿长筒袜一定要高于裙子下部的边缘。不管是什么时候，走路、坐着都不能露出腿，否则会显得你比较粗陋。另外，长丝袜如果有漏洞，不管大小一定要扔掉。有的女孩子穿着有漏洞的丝袜，远看上去就像打了补丁一样，不管这个女孩子看上去多有气质，都会遭人嘲笑。

颜色有修饰身材的作用。如果你有点儿胖，不管多喜欢浅色的袜子都要摒弃它，因为这会让你显得更胖！适合你的是深色的袜子，比如灰褐色或者黑色。当然，如果你的腿部过于细长，浅色系的袜子是不错的选择。

三、内衣

如果你想了解一个女人的真正品位，那么，可以去看看她的内衣风格。当然，此法也适用于男人。记住，今天的内衣已经不是一块遮羞布，而是品位、时尚和地位的象征。

当然，一个真正有品位的人不仅仅在外面花枝招展，在别人看不到的私密地方，更是有品位的终极表达。

如果你是男士，试问：“你真的知道西裤下面不应该穿三角内裤吗？”

如果你是女士，试问：“你真的知道自己选择的胸衣，在伤害你一直在意的胸部吗？”

现在我们谈谈如何选择内衣。

因为内衣处于最贴身的地方，所以，舒适性永远是选择内衣的第一要素。

对于男士而言——

如果穿西裤，最好选择布料偏薄的内裤。因为偏薄的内裤，表面上可以减少与西裤的摩擦，另外也避免了从外面看到内裤的线条，否则会让人很尴尬。

如果穿牛仔裤，提臀很重要，最好选择四角内裤。

对于女士而言——

因为女士的衣装在夏天的时候往往比较薄，这时内衣的颜色就要避免太深。而胸衣避免穿得太紧，否则从后面就会看到内衣的轮廓，或者会把你束缚得喘不过气来。

不管怎么样，要想成为一名精英人士，不是别人看不看的问题，而是你愿不愿意讲究的问题，这是一种生活态度。当然，臭袜子、臭鞋、大裤衩、大背心照样也能穿，只不过你给人一种低俗感，而那些细致讲究的人则会给人以高贵感。

那么，你希望自己是什么人呢？

◆ 气场提升法宝1——太阳镜

作为装饰品，墨镜以及它的家族兄弟——太阳镜，早就成为明星气场的代言。因为遮盖了眼睛，所以就无形中产生了距离和神秘的气场。当然，如果你也想提升自己的气场，太阳镜是个不错的选择。

记得在巴黎秋冬时装周，范冰冰作为亚洲唯一受邀女星，现身迪奥（Dior）秀场。她除了一身洋装和皮草外，最吸引人的莫过于那副不对称蝴蝶结墨镜，大显“国际范”气场！

当然，在时尚和气场这个范畴里，选择标准并没有唯一，一切因人而异。当然，太阳镜也不例外。现在我们看看，如何选择一副不错的太阳镜。

一、脸形选镜

圆脸

一般来说，圆脸往往给人娃娃脸的感觉，有些婴儿肥。所以千万不要选择圆形镜框，这会让你的脸部更圆。四方、宽阔的眼镜则会让你显得成熟稳重。

瓜子脸

拥有此种脸形的人，一般来说，适合任何太阳镜类型。注意，不要选择镜框两侧向上翘的款式，这会让你的脸部和眼镜形成三角形。

方形脸

拥有此种脸形的多为男士，可以选择圆形、宽边、粗犷样式的太阳镜，这会加深你本身的气场。避免选择窄边的、精致的款式，这会给人一种不伦不类的感觉，非但没有气场感，反而把本身的气场削弱了。

椭圆形

这种脸形的人适合佩戴上下宽度大的太阳镜，这样会缩短脸部的距离感，避免戴无框的太阳镜。

二、五官选镜

小嘴巴的人选择太阳镜不要样式夸张的，尤其下方过于夸张的样式；而大嘴的人则要避免下尖的镜框。

小眼睛的人最好选择颜色稍深的太阳镜，而眼睛大的人就没有什么限制了。

眉毛颜色重的人，杜绝上侧镜框颜色成黑色的“眉毛镜”，而应选择颜色较亮的太阳镜，比如银色和金色。相反，眉毛颜色浅的人比较适合深色，“眉毛架”眼镜也很不错！

三、肤色选镜

皮肤白的人没有什么限制，深色、浅色的眼镜都有不错的效果。

如果皮肤比较黑，那么最好选择深色太阳镜，比如黑色、灰色，这样肤色会显得比较明亮。不然的话，浅色太阳镜只会把皮肤衬得暗淡无光。

当然，这只是佩戴太阳镜的简单原则。除此之外，在佩戴太阳镜时，还要注意你的衣装和气质，避免不搭调。

◆ 气场提升法宝2——手拿包

手拿包曾经是晚宴派对的装备，只是正式场合的点缀，本身没什么实用价值。但是今天，手拿包已经走出晚宴，在各种场合“横行”了。

原因无他，因为它够气场！

不管是迪奥推出的青春亮丽的手拿包，还是香奈儿（Chanel）极简金色典雅晚宴型手拿包，都展示了典雅、低调的奢华风。而在现实中，一款适用的手拿包，简洁大方、年轻时尚，足以把一个人推向高一级的层次。

很简单，背着双肩包的是学生，单肩包的可能是出入办公室的白领或者推销员。而手拿包则因为少了肩带的束缚，让包包完全由你掌控，无论是手臂的曲线、肩部的自由，都可以让你完全表现出自己的气场。

虽然在原则上，你可以把自己所有的包都当做手拿包，但真正的手拿包还要具备自己的个性。一般来说，你的包包要符合这几个特点：第一，包身精致、轻盈，当然，皮质最好柔软；第二，包带不能太长；第三，包里的东西不能太多。

相对于男士的手拿包简单大方，没有太多“个性”，女士的手拿包就显示了女性装饰多变的风格，所以，在搭配上就要费心一些。

你可以根据自己的风格进行搭配：

一、超长信封式手拿包

信封包是晚礼服的经典拍档。一般来说，它要搭配长裙显示高贵的气质。当然，你的裙子务必保证质量上等，如果是丝绒、缎面的布料就更好了。另外，你还需要优雅的高跟鞋让你高挑起来，这样你才能拥有淋漓尽致的贵妇气场。

二、豹纹式女魔头手包

如果你的手拿包上面有豹纹加身，甚至还有超炫的流苏，恐怕你一出来就会像电影明星一样抢眼。当然，这种手拿包比较适合“野性”“硬朗”的女孩子。所以，如果你穿着公主裙，却拿着这么一款手拿包，就会让人嘀咕——不知是从哪儿临时借了个包包而已。

第十章　混社会要懂换位思考——对牛弹琴，不如喂牛青草

在对牛弹琴的过程中，真正愚蠢的是牛吗？

错！

真正愚蠢的是弹琴的人！

他不懂换位思考，不具有自省精神，不了解牛的需求，只是一意孤行，这样做不是蠢蛋是什么？事实上，只需要一把青草就可以让牛服服帖帖！

◆ 要想钓到鱼，就要像鱼那样思考

一头猪、一只绵羊和一头奶牛，被牧人关在同一个畜栏里。有一天，牧人将猪从畜栏里捉了出去。猪大声号叫，强烈地反抗。绵羊和奶牛讨厌它的号叫，于是抱怨道：“我们也经常被牧人捉去，都没像你这样大呼小叫的。”猪听了回应道：“捉你们和捉我完全是两回事，捉你们只是为了分你们的毛和乳汁，但捉我是要

我的命啊！”

有一句话说得好：“要想钓住鱼，就要像鱼那样思考。”在和人交往的时候，往往会出现矛盾，而这些矛盾大都是彼此不理解对方造成的。由此可见，在与人交往的时候，换位思考多么重要！

戴尔·卡耐基每个季度都要在纽约的一家大旅馆租用大礼堂二十个晚上，来讲授社交训练课程。但是有一个季度，他刚开始授课时，经理提出要他付比原来多三倍的租金。而这个时候，入场券已经发出去了，开课的事宜都已办妥。

卡耐基在两天后去找经理，他首先对经理提高租金的做法表示理解，然后帮他分析了这样做的利弊。他说：“有利的一面：大礼堂不出租给讲课的而是出租给举办舞会的，你就可以获大利。因为举行这类活动的时间不长，他们能一次付出很高的租金。租给我显然你是吃大亏了。不利的一面：首先，你增加我的租金却降低了收入。因为实际上等于你把我赶跑了，由于我付不起你所要的租金，就得另找地方。

“还有一个对你不利的事实：这个训练班将吸引成千上万名有文化、受过教育的中上层管理人员到你的旅馆来听课，对你来说，这其实是起了不花钱的活广告作用。请仔细考虑后再答复我。”讲完后，卡耐基就告辞了。最后，旅馆的经理让步了。

卡耐基没有谈到一句他要什么的话，整个过程都是站在对方的

角度思考问题。出人意料的是，最后的结果对他非常有利。所以说，设身处地地替别人着想，了解别人的态度和观点。比一味地为自己的观点和主张作争辩要高明得多，不管在谈生意还是说服别人的时候都是如此。

当你准备见一个你不太了解的人时，不妨了解一下他目前最得意的事情。没有谁不喜欢听好话，每个人都喜欢享受被人恭维的感觉，所以人的成就越大，就越希望别人能够看到。当你一见面就谈论他最引以为豪的事情，对方当然会非常高兴，对你也就会有好感了。由此，我们该明白一句话的含义："无论你本人多么喜欢草莓，鱼也不会理睬它；只有以鱼本身喜爱的蚯蚓为饵，它才会上钩。"

在现实生活中，你是否有这样的体验，因为自己先入为主，常常鸡蛋里挑骨头，不管别人怎么做都看不顺眼，如果正好与对方曾有过节儿，就更是揪住对方的小辫子不放。实际上，我们大多数时候都是在错怪对方。这是因为立场不同、处境不同，很难了解对方的感受，对他人的挫折和伤痛，我们从来都不曾换位思考过！

有一位婆婆对刚娶进门的媳妇十分不满，有一丁点儿差错都会让她勃然大怒。不是抱怨媳妇厨艺不精，就是斥责媳妇根本不会料理家务，还抱怨她经常加班到半夜才回家，也不知是真加班，还是在外面鬼混。这位婆婆甚至把儿子发烧感冒也算到媳妇的头上，抱怨她连丈夫的身体都照顾不好，怎么有资格做人家的老婆？

这天，有位关系比较亲近的客人来家里做客，婆婆又开始借机抱怨媳妇的不是。婆婆隔着玻璃指着阳台上的衣服说：“真不知她妈妈怎么教的女儿，连衣服都洗不干净，你看看，斑斑点点的全是污渍！这就是洗了半天的样子，真是白浪费那么多水了！”这位客人听了婆婆的话，向阳台仔细望去，一眼就发现了问题的症结。

他微笑着走过去用抹布将玻璃擦了擦，然后请婆婆站在原地，再重新看一看那些衣服。呀！转眼的工夫，它们已经变得洁净无比了。

婆婆这时才明白，不是媳妇洗的衣服不干净，而是自己的心态有问题，戴着一副有色眼镜，优点也看成了缺点。调整心态后的婆婆发现，媳妇其实特别称职，饭菜做得可口，工作又卖力，家务活一样都没落下。

看似错在对方，其实是自己的心灵蒙上了尘土。这是因为“人心隔肚皮”，你不是我，我不是你，但你把我当成你、我把你当成我，这样就换了位，再思考一下……从对方的角度思考问题，很多看似“山重水复疑无路”无法调和的冲突，很快就能进入“柳暗花明又一村”的局面。

当我们遇到与他人意见不同的时候，不妨换位思考一番。正因为人们只从自己的角度出发，从不考虑别人在想什么，于是凭空多了许多误解和猜忌。哪怕是自己出的错也会把错误归咎于对方，将自己树成最正确的标杆，这样的人缺乏自知之明，既刻薄又自私，我们千万不要做这样的人！

如果一个人只看到自己的优点，看别人全是缺陷，就会不禁长叹——为什么世界上到处都是差劲的人？如果你也是这么想，那么你将永远生活在苦恼、怀疑和偏见中，将永远体会不到人生的美好。所以，我们一定要学会换位思考！

◆ 自省精神——为什么有的人屡屡碰壁不能成功

为什么有的人在现实中屡屡碰壁不能成功？大多数时候是因为他们总是站在自己的角度看问题，什么都是自己对，天下的道理都是为自己设定的。有了冲突、遇到失败就怨天尤人，怪老天没长眼睛，却从来不肯反省一下自己是否存在问题。

出来混，自省必不可少。我非常赞同布朗宁说的话：“一个能够反躬自省的人，就一定不是庸俗的人！”

缺乏自省精神的人在人际交往方面必定遭遇挫折，人生也必定不会太顺利。拿破仑在滑铁卢失利之后说：“我是我自己最大的敌人，也是我自己不幸命运的起因。”确实如此，一个人只要陷入自我盲目的深渊就注定了失败，哪怕像拿破仑这样的“牛人”也同样难逃厄运。

古人说：“见贤思齐焉，见不贤而内自省也。”这就是说，看到别人的优点就要设法使自己具有同样的优点；看到别人的缺点就要反省自我，看是否存在类似的缺点，从而在反省中提高自己。

清末有名的红顶商人胡雪岩，十几岁时就在一家钱庄做出柜（外出收欠账）。有一次，老板派他去找一家五年没还款的欠户收钱，而这家户主已经死了两年，只剩下一个寡妇。所以，钱很难要回来，以前去过很多人，都吃了闭门羹。老板这次让胡雪岩去，是有意锻炼他。

胡雪岩穿戴整齐，登门拜访。他刚表明身份，寡妇就冷冷地说："要钱没有，要命一条！""砰"的一声就把门关上了。胡雪岩目瞪口呆，在外面转了一圈，心想总不能就这样回去交差吧？只好又去敲门。这次，寡妇不客气地扔出一条板凳来，要不是他躲得快，肯定会被砸得头破血流。

事情到这个地步，收账就别想了。胡雪岩闷闷不乐地回到钱庄，老板面无表情地问："欠款收到了吗？"

胡雪岩不像其他伙计那样倒苦水，也没有怨天尤人，而是说："今天去了，但没碰见她，我明天再去。"然后，他一边在柜台干活一边反思自己的策略。从那寡妇的装束看不像没钱的样子，一定是自己太过鲁莽了；或者是以前的伙计态度过于恶劣引起了她的反感，必须试试别的办法才能达到目的。

第二天，他又去敲寡妇家的门。不过，还没等她有所反应，胡雪岩就主动开口，表明自己这次不是来收债的，而是有别的事情。寡妇一听钱庄的人上门却不收债，奇怪地问："那你有什么事？"

胡雪岩笑着说："我们钱庄生意兴隆，多亏了乡亲们的大力支持，所以老板准备推出惠及老客户的一些举措。如果您还需要抵押借钱，在利息上我们会有优惠的。"寡妇听了很感动，自己欠了五年的钱不还，足足有三万两银子，这个伙计竟然还愿意借钱。她一方面为了继续借钱，另一方面心生惭愧，就把全部欠款给了胡雪岩。

胡雪岩没有把错误归结到别人身上，而是通过反省自我寻求正确的策略，这才是真正的聪明人所为。一个人只有这样才能弄清问题的本质，并能切实地对症下药，顺利解决面临的难题，这就是胡雪岩成功的原因。许多人不明白这个道理，折腾一生仍一事无成。更可悲的是，他们竟然还把自己一事无成的责任推到别人身上，认为都是别人害了他、连累了他。可以说，这样的人哪怕到临死的那一天，都不会明白自己一事无成的真正原因。

“人不能两次踏进同一条河流。”这是哲学家赫拉克利特的名言。在人类处世学中，如果一个人总是自以为是，即使自己错了也不肯悔改，照这样下去，人生的道路肯定会越走越窄，所犯的错误也会越来越多。这样的人能在世上生存下来就已经十分困难，更不要提成功了！

《菜根谭》中有语：“晓梦初醒，群动未起，此吾人初出混沌处也。乘此而一念回光，炯然返照。”意思是，清晨人们从睡梦中醒来，万物还未复苏，如果能利用这一刻来澄清自己的内心，反省自身的一切，便会解除束缚自己心智的枷锁。这种自我反省的观点是值得我们借鉴和学习的。

“静坐多思自己过，闲谈莫论他人非。”如果一个人能够经常反省自己，遇到的任何事都会成为警醒的良药。做得好时总结经验；

做得不好时要从自身找原因，理性地面对生活，谦虚地对待他人，这样的人走到哪儿都受欢迎。

◆ 才华是老虎的牙齿，品德是坚固的笼子

有两位中国女士，在乘坐飞机的时候不知为何吵了起来。开始时用汉语吵架，后来其中一位用日语骂对方，而另一位马上用日语进行还击；前者又改用法语骂她，后者又以法语还击；接着前者又改用英语骂人，那位被骂者毫不示弱，又用英语还击……真是语惊四座，看呆了乘客，更看呆了飞机上的外国人！

可悲可叹哪！多么有才华的两个人。我们不能不感叹——人才啊！只可惜她们的才华和她们的表现形成了强烈的反差，真是有才无德，应该补上一课。

我不禁想起另外一件事。有次我去上海，在北京到上海的火车上，我正与邻座说话间，忽然觉得右肩上有了重量，回头一看，是一只脚正踩在我的肩膀上。只见一个年轻的女孩踩着卧铺旁的梯子爬向上铺，干脆拿我的肩膀当阶梯了。半天过去了，她竟然若无其事，连一点儿歉意的表示都没有，我心里相当郁闷。后来，听她和同行的小伙子聊天得知，她是北京大学的应届毕业生，正要去美国留学。和她聊天的小伙子是在英国留学两年后回来探亲的。

经历这些事情后，我更加坚定地认为，学历和道德没有关联。学历高不代表有高尚的道德，学历低也不代表道德水平就低。一个

没有品德的人，才华越高，能力越强，对社会造成的危害就越大。正所谓“才华是老虎的牙齿，品德则是坚固的笼子”。锋牙利齿的老虎如果没有笼子的束缚，后果怎么会不严重呢？

品德和学历没什么关系，那和什么有关系呢？我想关键在于家教，特别是小的时候，很多习惯及想法都是那时形成的，小孩模仿能力强，学好学坏都很容易。什么是应该做的，什么是不应该做的，孩子完全受到大人价值观的影响。比如，现在很多大人认为钱是万能的，所以自己小孩打了人，然后说不就赔点儿钱吗？甚至还说自己家的小孩厉害。退一步说，就算大家都认为钱是万能的，父母也不能这样教小孩。

当看到衣着破烂的乞丐把一把零钱塞进捐款箱，又看到那些所谓有知识的人拿着他人的救灾款在酒店吃喝，看官们是否还会认为才华和品德有关系呢？

如果我们公司来了两名应聘的员工，一个有才无德，一个有德无才，我会毫不犹豫地选择有品德的那个。这是因为，有责任感的有德之人必将认真工作；而一个有才无德之人，有一天必对公司造成严重危害。事实就是如此，一个人没有才能不要紧，可以通过读书、培训等方式得到迅速提高，而品德修养需要长久的磨炼与积累，需要在生活中潜移默化。

一个人需要具备的品德都有哪些呢？具体来说有以下几点：

礼貌。没礼貌、不懂规矩的人谁会喜欢？给人的第一印象就很差，更甭提深入交往、精诚合作了。

责任。关键时刻，人最容易放弃责任、逃避责任。现在的社会并不缺少有能力的人，真正需要的则是既有能力又富有责任感的人。所以，责任承载着能力，责任胜于能力！

诚信。骗子是人们最讨厌的，只有讲信用的人才能交到更多的朋友，获得大家的信任。一个诚信君子无论做什么事都会比较顺利，经常出尔反尔的人走到哪里都被人提防。

谦让。设身处地为别人着想，别人才会乐意为你服务。东汉光武帝建武年间，甄宇被封为博士（当时一种官职名）。按当时旧例，每年腊月祭祀后，皇帝要赏赐给博士每人一头羊。羊有大小肥瘦，大家一时不知该怎么分。有人建议杀了羊分肉，有人说要抓阄。甄宇过去牵走了那头最瘦小的羊，于是再也没人争了。光武帝因这件事记住了他，而且屡次提拔他。

以上这些品德，跟聪明才智同等重要，缺一不可。有才无德之人，谁敢放心地跟他交往？既不能当朋友，也不可委以重任。只有德才兼备的人，才最受大家欢迎！

◆ 不要拿别人的短处说事儿

出来混的人靠的是什么？其实就是人情世故。人情世故最基本的原则就是，不要当面曝别人的隐私、揭人家的短处。这是人际交往中极不可取的交流方式，如此下去必将成为孤家寡人。

世界上没有十全十美的人，每个人都或多或少地存在着缺陷。这些缺憾有时是无奈的，因为人的身体发肤皆受之于父母，是无法选择的。可现实生活中偏偏有这么一种人，专门拿别人的生理缺陷开玩笑，且乐此不疲，从未有脸红心跳的时候。比如给跛脚的人起绰号叫“地不平”，把身材矮粗的人叫“武大郎”，把又高又瘦的人称做“筷子”，把头发稀少的人叫“秃驴”。如果一只眼瞎了，叫你“独眼龙”；要是个高度近视者，你的绰号可能就是“瞎子”了。

我朋友的建筑工地上发生了这样一桩事：山东农民工齐某和熊某是同村人，又同在一家装饰公司做装修工。一天，大家吃过午饭聊天时，齐某向其他工友透露了熊某无法生育的隐私，感觉难堪的熊某用力推了齐某一把。齐某摔倒在正准备安装的一堆玻璃上，双臂被玻璃碎片扎伤。经医生检查，齐某的双臂和手指的四根肌腱被割断。

以透露他人隐私为乐，落得这样的下场也是活该！心理学家研究发现，每个人都有自负心理，这种心理主要表现在我们都有在背后讨论或宣扬别人缺点的倾向。看到别人有缺陷的地方，我们不是带着真诚和善意去帮他解决，而是背地里揭露、传播。当时做的时候也不是出于什么恶意，就是为了图个新鲜，图大家一乐。如果我们站在对方的立场上考虑，就会发现这件事不是那么可乐的，而是无法忍受的侮辱。假设这种行为被当事人看到，相信他会立即跳起来和你拼命！事实上，这种做派不仅是对别人人格的不尊重，更是自己行为的不检点。

当我们宣扬别人的缺陷时，自己身上的缺陷也就暴露无遗，我们一定要认识到这一点。换位思考一下，你愿意自己的缺陷被人拿去宣扬吗？相信肯定不喜欢吧，所以“己所不欲，勿施于人”。

在现实生活中，许多闲人喜欢搬弄是非，专门刺探他人的隐私，将他人难以启齿的丑事宣扬出去。虽然逞得一时口舌之快，但后果会很严重。如果你是这种人，大家肯定都不愿意跟你交往了。这样的人走到哪里都遭人嫌弃，这本身就已经成为一种缺陷。当有人向我们打听某人的行为时，我们应该本着“隐恶扬善”的态度相告，不要夸大别人的缺点。一个喜欢揭人短的人，他自己的为人也是值得怀疑的，在为人处世的时候必然要吃大苦头、跌大跟头！

记得我上中学的时候，有个老师脾气很坏，同学们都不敢向他请教问题，因为他总是用不耐烦的态度对待我们的提问。只要我们的反应稍慢，他就会一顿冷嘲热讽，甚至嘲笑我们的智商。后来有很多家长找到学校，向校领导投诉他的所作所为，要求学校进行处罚。这个时候，他才意识到自己所犯的错误。

即使你出于好心帮助别人，也要讲究技巧。如果动不动就说“你真笨”“真蠢”或者“这么简单的问题都不会”等羞辱性的语言，就必定让人难以接受。这样一来，你虽然帮了别人很多忙，出了很多力，却一点儿也不讨好，甚至还遭人痛恨。人都帮了，为什么不让自己落个好呢？这种人说好听点儿是“刀子嘴、豆腐心”，说难听点儿其实就是不懂人情世故的“傻蛋”！

◆ 过于抠门是跟自己过不去

在对吝啬这种习性的评价上，中国人执行的是双重标准：女人抠门，可能被褒扬为“会过日子”；男人小气，却一概被贬为上不得台面。

一个人对待金钱的态度，在很大程度上决定着他的生活方式和人际关系。大手大脚、挥霍无度固然不好，但过于抠门儿、只挣不花的理财方式容易影响当事人的生活质量，甚至危及其生存与发展。至于配偶之间，由于朝夕相处，共同生活，如果一方过于抠门儿，而另一方难以接受，则有可能分化彼此的爱意，平添无谓的矛盾和纷争。

心理学研究揭示，过高估计生活风险，过于缺乏安全感，是导致人们产生吝啬心理的诱因之一。人对金钱的态度往往与其生活经历有关。不同的个体差异可能是显著的，即使亲密如夫妻也不例外。据我观察，一些人表面上是因为不善交际而导致人际关系危机四伏，事实上是因为过于抠门儿付出的代价。

我曾在网上看到过这样一篇声讨抠门男友的帖子，反映的问题不可谓不尖锐——

昨晚和男朋友吵架了，吵架的原因很简单，因为我想买衣服、做头发（差不多两年了，这其间我从来没有做过头发，修剪的次数也很少，梳了个马尾）。在家乡这个小城市，我们的收入虽然不多，但也算中等。我和男友的工资差不多，因为去年刚毕业又还了一笔贷款，所以也没有存款。男朋友生活很俭朴，从来不乱花一分钱，这和他的家庭环境也有关系，他家里有些穷吧，到现在还没有盖房。我当初感觉这个人很会来事，看似一只潜力股，还算一个很爱老婆、很顾家的男人，好好培养会成点儿事。

回来说我心中憋闷的事吧！昨天我同他说起我要买衣服和做头发的事，他就生气了，说我虚荣，头发这样就很好，衣服将就穿去年的就行了。我说到现在一件夏天的衣服都没有买，凉鞋也没有买，而且开始换季了，衣服鞋子都在打折，现在买很划算。我看到一款凉鞋很漂亮，以前卖两百四十九元，现在打折才一百元，再说下半年也可以穿。当我说到这里时，他就听不下去了，说我虚荣就认牌子，路边小摊上三四十元钱的也很好啊，就喜欢买了牌子到单位去显摆。其实我根本没有这种想法，我觉得一分价钱一分货，我虽然穷，但是从来没买过路边小摊的东西。

到现在为止，我买过一双小皮鞋两百八十元，这是我买过最贵的鞋子。因为当时真的很喜欢这个款式，一咬牙就买了，就因为这双鞋子，我每次想买什么东西他就拿这双鞋子说事，说我就知道花钱什么的。其间，我买了一条艾格裤子打三折一百二十元、两百元左右买了套雅芳化妆品，也成了我“穷显摆”的虚荣证据。我真的是虚荣吗？我今年二十五岁了，在一家有点儿规模的房地产公司上班，难道让我整天抹着劣质化妆品、穿着地摊货去上班吗？

有句话说，如果你想了解一个人，最好的办法就是看他如何花钱。一个人如何花钱比如何挣钱更能体现其品位——把钱花在歌舞厅里与琴棋书画上，是两种完全不同的境界。对女人来说，这句话还有另外一个版本，即钱不能代表爱情，但钱可以表达爱情！为你舍得花钱的男人未必是真爱，但一个不肯为你花钱的男人可以直接肯定不爱你！

卡耐基也说："花钱所需要的智慧并不亚于赚钱。"认真想想，发现很有道理，虽说金钱不是万能的，但没有金钱是万万不能的。人一旦有所需求便会尽力赚钱来完成心愿，所以我对这句话一直都很认同。

我们身边的很多"牛人"，无论是从政还是经商，均能取得显赫业绩。仔细观察，就会发现他们不仅善于经营，而且经常乐善好施，很会花钱，花的都是一些小钱，但赢得的是众人的心。牛根生曾说过这样一句话："财散人聚，财聚人散。"这句话无意中道出了管理的真谛，值得我们深思。

该花的时候捂紧钱袋，必会被人看做小气鬼，于是没有人肯与你交朋友。由此可见，养成正确合理的消费习惯，把自己的钱财打理得井井有条，对事业的发展有着至关重要的作用。

我认识某位家庭主妇，她为了省下一元钱的公交车费，步行走了十几站路程，花费了一个多小时。在路上累得头晕眼花，横竖就是不坐车，心里老想着过日子省钱。她回到家，一头就栽到床上，因为累出病来了。丈夫听她讲了事情的经过，哭笑不得，批评她说："你在路上确实省了一元钱，但是看病得花几百元啊！"

所以，千万不要让别人觉得你是一个吝啬鬼。具体而言应该这样：在和自己的同事或客户进餐时，要主动付餐费；与朋友共乘同一辆出租车时，主动付出租车费；在和客户打交道的时候，可以偶尔送点儿小礼物以表自己的心意；尽量对他人合情合理的要求给予肯定的答复；对努力工作的员工多发点儿奖金，或者多给他们几天假期；员工垫付的费用，你要及时还给他们。

花钱要坚持三条原则：一是"有钱不买半年闲"，不经常用的东西坚决不买；二是"看菜吃饭，量体裁衣"；三是"精打细算"。总之，我们花钱要有一个目的，明确花钱是为了满足生活必需，而不是享受花钱的快感。想以后过好日子，学会花钱很重要！慷慨大方会让你赢得更多的朋友和收益，而如果一毛不拔则会给你造成不可挽回的损失。要记住，给予他人，你将收获更多；不会花钱，你永远成不了有钱人！

◆ 做点儿善事急于让人知道，还不如做了坏事怕人知道

有人说，做了坏事怕别人知道的人虽然是作恶，但还留有通往善良的路径；做了好事却急于宣扬的人，做善事的同时就已种下了恶根。

这句话说得刻薄了点儿，仔细想想也不无道理。一个知善恶、明是非的人，即便做错了事，只要及时回头就能保证不堕落太深。浪子回头金不换，处处受人称道。我们从中可以体悟到——对待犯错误的人不可一棒子打死，要先观察，看他是不是知耻，知耻能不能后勇。朋友或同事做了不地道的事，只要他们及时道歉、补过，我们就要及时原谅。这是我们在人际交往中必须注意的要点。

一个人做了善事却高调标榜自我的人，就等于赤裸裸地暴露了自己的求名之心，这种行为不禁让人感到恶心。一个做了好事却急于宣扬的人，他做善事的同时等于已种下了恶根，因为从那一刻起，他的脑门上已经烙下了沽名钓誉的印痕。我们经常看到昨天电视上还在高调报道某人行善，今天此人就已东窗事发，以贪官或奸商的名义沦为阶下囚。他们所谓的行善，原来只是迷惑世人的一种手段！真正境界高深的人，行善时往往不露声色，懂得受惠之人也需要面子和自尊。如果大肆宣扬，在沽名钓誉的同时也撕破了别人的脸面，等于借别人的伤疤来炫耀自己。

清朝末年，晋陕豫三省大旱持续了好几年，人畜不知饿死多少。就在这时，一个姓常的大商人突然宣称要耗资三万两银子修建一座戏台。他说，周围的乡亲，不管是谁，只要过来干活，哪怕搬几块砖头，就可以获得一日三餐。当地旱了三年，他的工程也持续了三年，最后花了多少银两已经难以计算了。

这时人们才明白，修戏台是假，赈灾才是真！之所以不打赈灾的名义，是为了让受助的乡亲有尊严地吃饭，不认为是施舍。这位姓常的商人既做了大好事，又没刻意为自己捞什么虚名，这才是真正的行善！

《菜根谭》中有段话说：“施恩者，内不见己，外不见人，则斗粟可当万钟之惠；利物者，计己之施，责人之报，虽百镒难成一文之功。”意思是，一个施恩于人的人不应总将此事记挂在心头，也不应该张扬出去让别人赞美，那么即使只是一斗粟的付出也能得到万斗的回报。一个以财物帮助别人而急于要求回报的人，即使付出千两黄金也难有一文钱的功德。

现实生活中，我们经常会遇到这类人。他平时与你的关系一般，甚至很少说话，突然有一天，他主动提出给你出国旅游的机会，一副热心肠的模样。你正巧在家闲得无聊，于是就出去逛了一圈。等你一回来还没坐下来喘口气呢，他就开口说话了：“兄弟，我最近有个项目要启动，你能不能帮我找你们单位的 ×× 通融一下？”这个时候，你的心里是不是登时像吞了一只苍蝇？原来做好事是假，利用才是真。

反过来思考，如果你帮助他人之后总是记挂心头，不是同这个人的行为一样吗？这样即使你付出再多也会遭到别人的反感，本想回报你的事情也会就此作罢。很多时候，你无意中帮助一个人，原本只是举手之劳，不足挂齿，根本没打算让别人回报，但奇怪的是，突然有一天别人竟连本带利回报给你！

其实，在这个世界上没有谁是真正的傻瓜，每个人的心中都有一本账，谁帮助过他都记得一清二楚、明明白白。如果你曾经对别人真心付出过，别人肯定不会忘记；如果你真的帮过什么人，就请尽早忘记吧！念念不忘给予别人的好处只会让你沦为一个斤斤计较的人！

◆ 闭着眼睛往前冲的人会死得很难看

曾有个朋友说《亮剑》这部电视连续剧很精彩，讲的是抗战时期某位战斗英雄的传奇故事。在朋友的介绍下，我买了套光碟回家仔细看了一遍，剧情确实吸引眼球。在看到最后几集的时候，影片中有句台词吸引了我的注意："不谋全局者，不足以谋一域；不谋万世者，不足以谋一时。"这句话让我思考了很长时间，深受启发。

人生一半靠行动，一半靠思考。每走一段路都应该停下来思考一下、总结一下，这样才能实现质的飞跃。但一个奇怪的现实是，大多数人一辈子都生活在抽一鞭、动一下的"刺激—反应"模式中；还有一些人只知道闭着眼睛往前冲，从来不曾谋全局，更不要提谋万世了！

在芸芸众生中，真正的天才与白痴都只是极少的一部分，对于大多数人来说，无论是智力还是体力等因素都相差不多。然而，为什么有的人能够脱颖而出、成就伟业，而有的人却庸庸碌碌了却此生？为什么本来相差无几的人会出现如此巨大的差别呢？

一个美国人、一个法国人和一个犹太人因为各种罪因要被关进监狱三年。服刑前，监狱长对他们说：“我能满足你们每人一个要求，你们有什么要求尽管提。”美国人爱抽雪茄，他说：“那你就给我三箱雪茄吧！”法国人爱浪漫，他说：“给我来个美女吧，长夜漫漫，省得寂寞。”犹太人说：“谢谢大哥，我只要一部能和外界沟通的电话就行了。”

就这样，每个人都在继续着自己所选择的人生。三年过去了，监狱长打开了大门。美国人第一个冲了出来，只见他的嘴里、鼻孔里塞满了雪茄，大声地喊道：“快给我打火机，快把老子憋死了！”原来美国人忘了要打火机了。第二个走出来的是法国人，只见他手里抱着一个孩子，美女手里牵着一个小孩，她的肚子里可能还怀着第三个孩子。最后，犹太人慢慢踱着步子出来，他紧紧地握住监狱长的手说：“谢谢你啊！大哥，有了这部电话，这三年来我每天都能和朋友保持联系，我的生意不但没停，还增长了很多。为了表示我的感激之情，我决定送你一辆劳斯莱斯！”

成功人士与平庸之辈的差别不在于天赋或机遇，而在于是否有未雨绸缪的人生规划。

二十几岁的时候，我们就要想一想，三十岁后自己想达到怎样的目标？这个时候，你必须先为自己的人生设计好登山的地图。要把你的起点标出来，然后把终点标出来，还要把登山时要经过的重要路径标出来。同时要有应变的准备，以便在走不通时重新选择另外的路径。只要你手中有一张人生的地图，再大的风雨、再多的崎岖，你都能顺利地走过去，从而走得更远！

人生的设计师不是老天，而是自己！所以，我认为每个人都要提前设计好自己的人生地图。六七年前，一位朋友和我讨论人生设计问题时提出了不同的观点，他认为这种思维模式太累。我当时笑了笑，没有反驳。我知道，如果一个人不去设计自己的人生，就会活得十分茫然，没有方向感也许更累！

有一位博士回国发展，被某银行高薪聘为基金经理。上级告诉他，在正式上班前，会给他半个月的时间具体了解银行的工作模式。他觉得以自己在国外金融机构工作多年的经验，应对国内落后的金融体系那还不是小菜一碟？于是，这半个月就成了他临时悠闲的假期，频繁地跟朋友聚会，还去海南岛旅游了一趟，丝毫没把上级给他的资料放在心上。等他回来上班顿时大跌眼镜，因为国内的工作模式完全出乎他的想象，很先进也很复杂。

这位在海外有过丰富阅历的博士顿时手脚大乱，找到上级真诚地道歉，恳请再给他三天时间，他一定作好最充足的准备。上级笑着对他说：“洞中只一日，世上已千年。现在国内的金融业发展太快了，可你还停在十年前的思维模式里，所以抱歉，请你另谋高就吧！”博士只好又恼又悔地离开了。

在现实中，许多高学历者往往自以为是，不屑于做未雨绸缪的功课，以至于在人生路上处处碰钉子、栽跟头。很多人笼统地称为“命运”，这是一种不足取的消极态度，正确的做法应该是怎样的呢？我觉得我姑父的方法可以借鉴一下。

姑父准备开一家盲人按摩院。为了确保成功，他不仅在网络、报纸上收集了上百份资料，而且还前往北京各家大小按摩院亲身体验，回来记录他们的服务细节以及环境布置。如此精心的策划，如此未雨绸缪，怎能不成功呢？果然，姑父投资的盲人按摩院一开业就相当火暴，直到今天顾客仍络绎不绝。

《菜根谭》中说：“君子居安思危，天亦无所用其伎俩矣。”意思是，做什么事都应该提前筹划，而且平安时不忘危难，那么就连上天也没有办法施加诡计。如果一个人能够做到未雨绸缪、居安思危，当危险到来时就不会手忙脚乱、束手无策。遗憾的是，许多人只知道闭着眼睛向前冲，当意外突然到来只能听天由命。现实就是这样，不可能每件事都在我们的掌控中，总有意料不到的风险。如果没有居安思危的智慧、处进思退的准备，当这些不测因素发生时，我们就会面临困境。

许多事情都说明了这个道理，并非只有硬着头皮往前冲这一条路。当发现此路不通时，及时后退就成了最明智的选择。不然，万一发生疏漏，“篱笆”夹住了你的“山羊角”，顶不过去也退不出来，骑虎难下之势一成，那就太尴尬了！

居安思危，处进思退，我们需要认真把握以下几点：

不做无准备之事。做什么事都要有长远考虑，以“不谋全局者，不足以谋一域；不谋万世者，不足以谋一时”为自己的座右铭，先计划，后行动。对可能发生的意外全都做到胸中有数，并提前拟订应对方案。

做事随机应变，灵活应对。根据事情发展的具体情况作出适当的调整，让步伐始终处于正确的轨道。也就是说，做事是为了成事，固执不可取，犹豫也不可行，必须知进知退、灵活应对。千万不可硬着脖子、闭着眼睛往前冲，哪怕前面是一堵铜墙铁壁也非要碰个头破血流，这就等于是傻子的行为了。

第十一章　不要在欲望面前迷失自己的本性

有这样一个公式：欲望－实力＝痛苦指数。

当欲望远远超过自己的实力不能实现时，就是一个人最痛苦的时候，就容易走火入魔。个人欲望要跟个人实力相匹配。一旦两者严重不协调，人的心理就会扭曲！

◆ 欲望－实力＝痛苦指数

有人总结出这样一个公式：欲望－实力＝痛苦指数。

当欲望超出自己的实力不能实现时，就是一个人最痛苦的时候，最容易走火入魔。

我们经常听到周围的人抱怨自己如何如何命苦，社会如何如何不公。其实这样的人大都是内心的欲望跟自身实力产生了矛盾，他们自身能力有限，无法满足欲望，于是就凭空多了许多抱怨。我常常以为，个人的欲望一定要跟个人的实力相匹配。一旦两者严重不协调，人的心理就会扭曲。现实中的大量事例都在验证这一道理，一些既没能力又没靠山的人，为了满足自己的欲望不惜铤而走险，做出让自己后悔一辈子的事。

现代社会到处是灯红酒绿、吴侬软语，诱惑无处不在，这促使我们体内的欲火猛蹿。与此同时，市场竞争异常残酷，大部分人无法拥有超强实力、赢得更大的胜利，这样就产生了矛盾。就拿我自己来说吧，有段时间看中了一套豪华复式房，但苦于口袋里的银两不足，欲望超出实力，于是痛苦就产生了！那段日子真是郁闷至极，每天晚上都翻来覆去睡不着觉。

确实如此，一个人心头堆积了太多欲望又无法满足的时候，就是最痛苦、最无奈的时候。这个时候会觉得生活真是苦闷，工作真是痛苦！但这个世界的本来面貌并没有受到任何影响，山依然是那样青，水依然是那样流淌，小鸟依然在自由地歌唱……而那些沉浸在名利中的人，永远都体会不到世界的大美。

一个和尚在路上看到一件有趣的事，他想以此考考禅院里的老方丈。来到禅院，他与老方丈一边品茶，一边闲扯，冷不防地问了一句："什么是团团转？"

"皆因绳未断！"老方丈随口答道。和尚听到回答，顿时目瞪口呆。老方丈见状，问道："什么使你如此惊讶？""不，师父，我惊讶的是，你是怎么知道的呢？今天我在来的路上，看到一头牛被绳子穿了鼻子拴在树上。这头牛想离开这棵树到草地上去吃草，谁知它转过来转过去都不得脱身。我以为师父既然没看见，肯定答不出来，哪知师父出口就答对了！”

老方丈微笑着说：“你问的是事，我答的是理。你问的是牛被绳缚而不得解脱，我答的是人心被俗务纠缠而不得超脱，一理通百事啊！”

难道这根绳子困住的只是牛吗?

错！那是我们每个人的化身！

只要内心有缠缚的东西就会丧失自由和快乐。这道理就像一只风筝再怎么挣扎也飞不上万里高空，因为被绳子牵住了；一匹壮硕的马再怎么暴烈，照样被马鞍套上任由鞭抽，因为被绳子牵住了。那么我们的人生呢，究竟又被什么东西牵住了？为了名利，我们东西南北团团转。我们人生中的快乐究竟逃到哪里去了?

世人被名利困扰，因此开口就说人间是苦海。他们并不知道世界的另一面是白云青山、奔流河水与奇岩美石、迎风招展的花草、呢喃歌唱的可爱小鸟以及渔夫樵客歌唱时山谷的长啸与回应。这时世人才会恍然大悟，人间既非尘嚣万丈，世界也非苦海一片，只是人们使自己的心落入尘嚣、堕入苦海而已。

好名之人，必为虚名所苦；重利之人，必为贪利所困。这正是许多人总也跳不出苦海的原因！事实上，对名利的追求并非坏事，毕竟人活着总要追求点儿什么。只有放不下名利才是人生幸福的大敌！

放不下就会被名利所困。欲望遮住眼睛，我们就看不见山川美景，眼前自然就是一片苦海。心里总有得不到的东西、满足不了的欲望，即使开着香车、住着别墅，活得照样辛苦。这样的人其实已经沦为欲望的奴隶，又怎能享受到生活的乐趣呢？

◆ 春风得意的时候，其实是最危险的

春风得意是每个人都渴望的，一旦真正到了这一天，往往有一种说不出来的快意。如此快意之事，只是一个人闷在家中独自享受，岂不是很不过瘾？这个时候，我们就倾向于找一帮陪衬自己的朋友，让他们做自己的“花瓶”和“电灯泡”，然后自己欣欣然、心满意足地享受他们的吹捧。这种心理上的快感相信没有人可以拒绝。可正因如此，在春风得意之际跌下台的人数不胜数，他们摔得很惨，脑浆涂地、血肉模糊。他们用鲜血和脑浆写下的忠告就是——春风得意的时候最危险！

他们为什么会摔得如此之惨？

其实很简单，想一想“电灯泡”们的心情就知道了。当你春风得意的时候，“电灯泡”真的像你一样很得意吗？显然不是，你越得意，他们越感到羞愧！他们觉得自己生不如人，看着你摇头晃脑的样子，他们表面上在微笑祝贺，实际内心里只有忌恨！他们恨不得当场揪下你得意扬扬的脑袋做自己的夜壶，他们真实的想法就是——不择手段也要超过你！有的人甚至在背后酝酿诡计，而那个

该死的人就是你。

对在场的大部分人来说，有一天能把你这个得意的家伙踩在脚底下玩弄，就是他们最大的快乐。

他们渴望看到一个最倒霉的你，一个像狗一样跪地乞求的你。

有的人控制不住内心的忌恨，甚至会心理扭曲，背后捅你的刀子。

小孟约了几个朋友到自己家里聚会，主要目的是想借着热闹的气氛，让目前心情低落的李强放松一点儿。

李强不久前因经营不善，没办法只得宣布破产，妻子也因感情不和与他闹离婚。他现在是内忧外患、不堪重负。大家都知道李强目前的状况，因此都避免去触及与此有关的事。可是其中一位酒一下肚就口不择言了，加上刚做生意赚了一大笔，忍不住开始大谈他的捞钱经历和消费功夫，说到兴处还手舞足蹈，得意之情溢于言表，这让在场的人都感觉不舒服。而正处于失意中的李强更是面色难看，低头不语，一会儿去洗脸，一会儿去上厕所，最后实在听不下去，就找了个借口提前离开了。他后来跟送他走的小孟生气地说：“他再会赚钱也不必在我面前炫耀，这不是成心气我吗？”

小孟非常了解他的感觉，因为他以前也经历过这样的事情。在他最艰难的时候，正风光的亲戚在他面前炫耀房子、汽车，那种感受真是生不如死。

有些人总喜欢夸耀自己，每遇亲朋好友就迫不及待地吹嘘自己的成功。殊不知，这样常令别人不舒服，甚至反感。人生得意须尽欢，这是人之常情，本来没什么好责怪的，但如果你在失意者面前大谈得意之事，那就是自找不痛快了。

举个例子来说，一个擅长做事的人，看到不会做事的人很可能会揶揄他一番："你的脑子不够用吗？"这话必定会让对方恼羞成怒。所以每逢开口说话，不管是什么内容，我们都要力避过于春风得意，一定要低调谨慎，千万不要无意中伤害了别人的自尊心。

当你正得意的时候，要你不谈论好像也不太容易，谁不想让别人看见自己意气风发？但你谈论得意时，一定要注意场合和对象。

你可以在演说时大谈你的得意，甚至可以对你的父母谈，享受他们满足的目光。但就是不要对失意的人谈，在他们面前谈得意，就像在秃子面前抱怨头发少，在瞎子面前说太阳不够亮。失意的人非常脆弱，也最敏感，你的谈论在他们听来都充满了嘲弄，不可避免地感觉你在蔑视他。因此你所谈论的得意，对失意者来说是一种非常严重的心理伤害。

一般来说，即使你当着失意者的面大谈自己的成功，他们也不会有太大的反应，因为他们觉得自己没有什么资格来反驳，但他们会耿耿于怀，甚至会有一种仇恨的心理。这种心理不会立即表现在脸上，因为他知道，此时的任何行为在别人看来都是一个失意者无力的辩解，但他会通过别的方式来泄恨。例如，从此不再和你打交道，背后说你坏话，故意与你为难，等等。从此你失去了一个朋友，更可怕的是你多了一个敌人，这是多么得不偿失的事！

《菜根谭》中说："衰飒的景象，就在盛满中；发生的机缄，即在零落内。"意思是，凡是衰败的景象往往很早就在繁华的盛况中隐藏着；凡是蓬勃生机也早就孕育在换季的凋零时刻。所以当你处于春风得意的顺境中时，一定要懂得低调的智慧，切不可到处炫耀。

一个人喝醉就容易失态，而一旦春风得意就容易忘形，然后喋喋不休。春风得意的时候，身上的缺陷就会暴露无遗，噩运便乘虚而入。当你在众人面前手舞足蹈的时候，死神就开始对你手舞足蹈了！

君不见昨天还在主席台上耀武扬威的贪官们是何等春风得意，然而转眼间他们就完蛋了，被关进黑屋认真交代自己的罪行。这就是春风得意之后的"追魂令"！由此可见，人生越是得意就越要低调，时刻掌控内心的欲望，收起春风得意的嘴脸，夹紧尾巴做人！

最后，让我们牢记这样的忠告——不要在春风得意时轻率地对人许诺，不要借醉乱发脾气，不要一时冲动惹是生非，不要因精神疲惫而有始无终。

◆ 歌舞酒宴最高潮时，就要整理衣衫毫不留恋地离开

南北朝时期有一个叫谢周的名人。一天，他应邀去朋友家赴宴。

这位朋友是王侯之子，排场很大，足足占了方圆百丈的露天大场。朋友请谢周献歌一曲，他毫不谦让，登台为全场宾客演唱，博得雷鸣般的掌声。一时间，酒宴的气氛达到了顶点。

就在此时，谢周饮罢杯中酒，整理好自己的衣衫，恭敬地向朋友行礼，然后告辞而去。众人都很诧异，还有人怪他没有礼貌，只有这位朋友表示理解，笑着说："花要半开，酒要半醉。我只恨自己是这里的主人，不能像他那样潇洒。"

花半开，酒半醉，这样才能享受到人生真正的乐趣，留下一段津津乐道的回忆。如果非要尽兴，将自己搞得疲惫不堪不说，还会带着兴尽之后的失落离开。就拿上面的谢周来说，他在宴会上出尽风头，如果继续下去肯定会得罪一些人，所以不如见好就收。从谢周身上，我们能够学到适可而止的做人态度。

《菜根谭》中说："居盈满者，如水之将溢未溢，切忌再加一滴；处危急者，如木之将折未折，切忌再加一搦。"意思是，当一个人的权力达到鼎盛的时候，就像水缸中的水将要溢出来，这时切忌再加入一滴；一个人处在危急状况时，就像树木将折断却还未断的时候，这时切忌再施加压力。

联系到我们现在的官场、职场，一样有可以借鉴的地方。我们可以学到这样的智慧：引退要在自己事业处于鼎盛的时候，这样才能使自己有一个圆满的结局；而居家度日则应生活在清静不与人争的地方，这样才能真正地修身养性。

事物到了极致往往就会招来灾祸。同样的道理，花在半开半闭时最迷人，酒在慢品微醺时最陶醉。为什么非要急着让花快开，一定要看花开到极致的样子呢？要知道，花最灿烂之时也就是衰败的开始。有人一碗接一碗地饮酒，不到烂醉如泥誓不罢休，殊不知烂醉如泥时连肚里原有的东西都会吐个精光。总之，凡事不必达到极端。推而广之，在功名利禄面前，只要尝到甜头就要知足，千万不要贪得无厌，否则死亡的阴影就逼近了。

为人处世一定要明白，天下无不散之筵席，不急不贪才是快乐的真谛。

不要在欲望面前迷失自己的本性

花有五颜六色，人有七情六欲。

每个人都是吃五谷杂粮长大的，怎么可能没有七情六欲？东汉哲人高诱曾解释什么是六欲：“六欲，生、死、耳、目、口、鼻也。”可见六欲是指人的生理需求或欲望，这些都是人类的天性，我们无法摆脱和剔除。

人要生存，就怕死亡。要活得有滋有味、有声有色，于是嘴要吃、舌要尝、眼要观、耳要听、鼻要闻——这些欲望与生俱来，不用人教就会。

哪怕是一个刚生下来三天的孩子，也知道享受舒适的环境，一旦把他放在粗糙一点儿的包裹里，他就会不满意地放声大哭。成人

就更不用说了。社会上流行这样一句话："能坐着就绝不站着，能躺着就绝不坐着。"这句话不就是说，人有享乐的天性吗？

确实如此，每个人都有欲望，我们活着必须满足它们，但一个人活着并不是为了单纯地满足欲望。比如说，吃饭是人最大的欲望，但吃饭是为了活着，而活着绝不是为了吃饭。道理很简单，我们活着无法彻底摆脱欲望，也没必要摆脱，但一定要在欲望面前保持清醒的头脑，知道什么是自己最需要的，永远不要迷失本性。

夜深后，市长家的门被敲开了。"请问，这里是陈市长家吗？"来客戴着一副黑框眼镜，很有礼貌。他手里提着大包小包，不知装了些什么。

开门的女人犹豫了一下，说："对不起，陈副市长去外地开会了，最近不回家，请不要到这里来了。"然后就把门关上了。

回到卧室，她把这件事告诉了丈夫。陈副市长感激地望着妻子，说："请神容易送神难，让他进来容易，可让那些东西出去就难了。所以不管谁来，只要提着东西，不能说'请进'，一次都不能！"

不管你是有权有势的市长，还是平凡的普通人，在为人处世上都应该保持高度的警觉，绝不能让物欲和情欲迷失自己的本性。因为只要有一次，非分的享乐在你的脑海中就会像滚雪球一样越滚越大，直到压垮你的神经，让你彻底堕落！

《菜根谭》中说："心体光明，暗室中有青天；念头暗昧，白日下有厉鬼。"意思是，心地光明磊落，即使是在黑暗的屋子里也如头顶明亮的天空；心地邪恶不正，即使在青天白日下也会遇见阴森的厉鬼。就是说，摆脱欲望的纠缠，还一颗本真的心，这才是真正懂得生存哲学的聪明人。

如果你睁开眼睛看看，就会发现到处都是这方面的教训。许多官员控制不住自己的欲望，中了商人的美人计，收了对方的红包，有了第一次，就有第二次，然后是无数次。在犯罪的泥潭里越陷越深，十匹马都拉不回，他们不是不知道事情败露的后果，而是被物欲控制后，就很难再摆脱了。

大到官场，小到日常生活，都是如此。很多年轻人知道偷懒是不对的，可就是无法控制自己QQ聊天的欲望，被跳动的小企鹅搞得心神不宁。不要小看这点儿不起眼的毛病，它很可能让一个本该成为行业精英的天才，只能待在平庸的职位上碌碌无为地虚度一辈子——惰性让他无法突破自己，欲望让他迷失了前进的方向！

有句话叫做："莫待老来方学道，孤坟尽是少年人"。年轻时，我们任性胡来，将来留给别人的只能是自己失败的背影。事实就是如此，只要在欲望面前不迷失自己，每天按照计划努力，相信你的目标很快就能实现。

◆ 我们一生总得留下点儿什么——沉湎于温柔乡等于混吃等死

记得我读中学时，有位历史老师特别喜欢说一句话："不管黑道道还是白道道，都要在历史上留下一道道！”意思就是说：“雁过留声，人过留名。”如果每天都是混吃等死，无异于慢性自杀，活着也就没有什么价值了。

我们每个人既然来到这个世界上，就应该追求点儿什么。宋朝人张载说：“为天地立心，为生民立命，为往圣继绝学，为万世开太平。”这句话充分体现了一个人应当追求的价值。我们活着就应该留下点儿什么，做点儿让自己高兴也让别人快乐的事，这样才不至于在世界上白活一辈子！

美国一所大学作过一项实验，科研人员将一只青蛙猛地丢进装有沸水的铁锅中，青蛙受到意外的强烈刺激，奋力一跃跳出锅外，自我拯救了生命。之后，科研人员仍将这只青蛙放进装满凉水的铁锅，然后在锅下逐渐加温，青蛙毫无觉察地在温水里悠然自得，直到它感到水烫得无法忍受时，想再跃出水面却已动弹不得，枉送了性命。

“青蛙未死于沸水而灭顶于温水”的结局很耐人寻味。青蛙第一次能死里逃生是因为它意识到危险，尽其所能进行了抗争；第二次葬身锅底则是由于它思想懈怠，在不知不觉中失去求生弹跳的能力。若是锅中之蛙能时刻保持警醒，在水刚温热时迅速跃出也为时不晚，而不至于发展到难以自拔被烫死。

难道这还不够让我们警醒吗？沉湎于温柔富贵乡就等于混吃等死！

每个人都与享受无仇，所以总是在温柔乡中沦陷。当你有了这些想法后，便会在无意识中放松对自己的要求，这时候你便在不知不觉中滑入危险的温水中。当你正闭目享受温水中舒适的“半身浴”时，危险就像魔鬼一样临近了。当温水被缓慢加热、火势越来越旺时，你离穷困潦倒的结局也就不远了！

一个人活着最重要的就是实现自我价值，否则就是行尸走肉！如果一个人只是为了满足物欲而活着，这样的生活，动物也可以做到，作为人的价值哪里去了呢？所以，一个真正有志向的人会奋力做出一番事业，用行动证明自己的人生！

小志二十岁的时候还不知道这个年龄意味着什么，每天出没于网吧、游戏厅、KTV 这样的场所。在游戏里，他似乎找到了属于自己的那份潇洒和自由，和狐朋狗友每天挥霍着青春，从没有想过自己的未来是怎样的，他也不敢去想。

时间就这样慢慢消逝，小志三十几岁时，父亲去世，家里的一切负担都压在多病的母亲身上。他这才突然意识到，自己作为一个男子汉，肩膀上的压力有多大。他开始奋发努力，但是感觉一切都晚了，太迟，太迟了！

当你在二十几岁的时候，可以刺青割腕，可以破衣烂衫，可以赌气辞职四处借宿，也可以念着某个人的名字醉卧街头。总之，做事越不苟世俗，越显得青春残酷，以为这就算是真我的风采了。但到了三十几岁的时候，你就要变得愈加现实。虽然非常讨厌上司和同事，但为了饭碗必须乖乖就范。也许会在某天突然对某个人动情，但突然想到“又能怎样呢”？于是澎湃的心潮安静下来。来来往往，匆匆忙忙，从此把成本和收益作为择偶时的先决条件，年轻漂亮的自己奉陪不起，年龄大的又担心色衰爱弛。既不想伤害别人又舍不得全心付出，所有的风花雪月都在这反反复复的衡量和计较中消磨殆尽。

一切都已远逝，留下的只有现实，而且是一个需要持久努力才能看到成就的现实。

这时候，你一定要认清自己的使命。你不是一个有钱有闲的“财主”，可以通宵玩乐。你需要选定人生的方向、行业和未来。不要逃避，不要哀伤，请勇敢地面对！唯有努力才能改变自己的命运！

不要以为年轻是你骄傲的资本。面对物欲横流的社会、接踵而来的压力，任何人都不能当一名逃兵。你没有为自己“减压”的资格，你不仅不能减压，还要有意识地为自己加压！

一个人的成功，其实就是跟安逸生活作斗争的过程。要想战胜安逸，第一步就是给自己设定一个不断进取的目标，对生活充满战斗欲；第二步要对风险有警惕意识，时刻保持冷静的头脑，不可在已取得的成就里沉湎不醒！

春天到来，花儿尚且能呈现一片好颜色，鸟儿也能贡献几句动听的歌。一个人如果出人头地过上了温饱日子，却不想为后世留下精辟的言论，做一些有益的事，那他即使活到一百岁，也像一天都没有活过。

◆ 战胜心魔才能走上王道

有个小和尚学入定，可每当入定不久就感到有只大蜘蛛钻出来捣乱。没办法，他只得向老和尚请教。

小和尚说："师父，我每次一入定就有大蜘蛛出来捣乱，赶也赶不走它。"师父笑着说："那下次入定时，你就拿支笔在手里，如果大蜘蛛再出来捣乱，你就在它的肚皮上画个圈，看看是哪路妖怪。"

听了老和尚的话，小和尚准备了一支笔。

再一次入定时，大蜘蛛果然又出现了。小和尚见状，毫不客气地拿起笔来就在蜘蛛的肚皮上画了个圈圈作为标志。谁知刚一画好，大蜘蛛就销声匿迹了。没有了大蜘蛛，小和尚就可以安然入定，再无困扰了。

过了好长一段时间，小和尚出定后一看才发现，原来画在大蜘蛛肚皮上的那个圈记赫然就在自己的肚脐眼儿周围。

这时小和尚才悟到，入定时的那个破坏分子——大蜘蛛，不是来自外界，正是源于自身思想上的心猿意马。

这只蜘蛛其实就是我们每个人的"心魔"。心学大师王阳明先生曾说："破山中贼易，破心中贼难。"这就是人们常说的魔由心生。

一个人误入歧途，只有把他的心魔赶走才能救这个人，否则只是白费劲而已！

《菜根谭》中说："耳目见闻为外贼，情欲意识为内贼。只是主人翁惺惺不昧，独坐中堂，贼便化为家人矣！"意思是，耳朵听到美音，眼睛看到美色，这些外界诱惑都是外来的盗贼，心中的欲念是人内心潜藏的家贼。只要灵魂保持清醒，在大堂中央坐稳，那么这些所谓的贼就被感化为自己的家人了。确实如此，邪与正往往只在一念间，我们只有克服了心魔才能走上王道！

有一天，我在网上看娱乐新闻，看到一位非常走红而自己又比较喜欢的明星在酒吧吸毒被抓。我震惊不已，整整一天都在感叹他的堕落。据他自己讲述，当时只不过觉得好玩，在朋友的劝诱下吸了第一口，不承想后来又情不自禁地吸了第二口、第三口，就这样不知不觉地变成了瘾君子。现在，他身败名裂，悔恨不已。如果当初他能及时勒住欲望的缰绳，克制住心魔，还会有今天的下场吗？

一生中，总会有各种各样的诱惑阻碍我们成功。这是魔鬼的诡计，诱使我们上当，从而夺取我们成功的资本。也许只是一念之差，你便任由欲望支配身体，然后稀里糊涂做出不计后果的事情。我们的人生从此走上一条完全不同的道路，这就是"一失足成千古恨，再回头已是百年身"的含义。

《菜根谭》中说："降魔者，先降自心，心伏，则群魔退听；驭横者，先驭此气，气平，则外横不侵。"意思是，要想降伏恶魔，必须首先降伏自己内心的邪念，只有把自己内心的邪念降伏了，那所有的恶魔就会消除；要想纠正骄横无礼的行为，必须先驾驭自己的浮躁之气，只有把自己的浮躁控制住了，那些外来的纷乱才不会侵入。

有一次，爸爸在跟孩子做游戏时问："你有喜欢的东西却没有钱买怎么办？"孩子说："偷。"爸爸又问："别人偷了你的东西怎么办？"孩子说："要把他砸扁扁。"这说明，孩子知道偷东西不好，别人偷了他的东西也会生气，但是他内心里却有偷别人东西的欲望。由此可见，每个人都有不良欲望的苗头，这是人的天性之恶，必须正确引导。

儒家有"穷理于事物始生之际，研机于心意初动之时"的名言，意思就是说，万事万物都是最初的规律和意念决定了它最终的走向。同样的道理，坏想法如果不及时制止，任由它主宰头脑，就必定会产生严重的后果。所以，在不好的念头刚刚产生之际，我们就应该当机立断，马上付诸行动，这样才能扭转乾坤、起死回生！

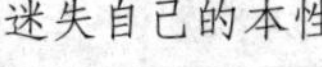

第十二章　尽人事，听天命

谋事在人，成事在天。一语道破世间成败的玄机。

一个人的成功既靠努力，也靠机遇。我们所能做的一切就是尽人事，听天命！

◆ 货比货得扔，人比人得死

俗话说："货比货得扔，人比人得死。"在现实中常有这样的例子：小两口本来生活得幸福自在，可某一天妻子对丈夫说："你看隔壁的张君事业有成，每天出入都开着宝马，多气派！"丈夫听后，脸色马上由晴转阴，不禁耿耿于怀。

事实上，幸福并不可比。因为没有止境、没有固定的标准，如果硬要与最牛的成功人士比较的话，你永远都是不起眼的那个！要想心理平衡就干脆找不如自己的人比较，这样你才能看清自己拥有的东西。正如一个人所说："小时候家里很穷，没有鞋子穿，我以为自己是最不幸的人。直到有一天，我在街上看见一个没有脚的人……”所以，我们在生活中应该懂得这样一个道理——比上不足，比下有余。

上海是个竞争激烈的城市，张文薪酬微薄，工作了五年也只是刚解决温饱问题。眼看着同龄人都买房结婚了，亲朋好友都替他着急。母亲对他说：“房子很重要，该想想办法了。还记得你的高中同学小侯吗？他高级轿车都换两辆了！”张文笑着对母亲说：“人比人，气死人，我要整天对这些耿耿于怀，非闹出人命不可。”

张文不慌不忙，按照自己的人生规划一步步地努力着。不久，他交了女朋友，有时女友会对身边有房有车的闺友表示羡慕。这时，张文就会宽慰她：“既然现实还很难改变，为什么不想想那些还不如我们的人呢？他们连一份长期稳定的工作都找不到，我们能够租住两室一厅的大房子已经够幸福了！”

凭着这种“比上不足，比下有余”的心态，张文在上海的发展渐入佳境。平和的人生态度让他抓住了一个又一个机会。由于业绩突出，他被提升为公司的企划部经理，收入暴涨了十几倍，也很快买房跟女友结婚了。结婚以后，当妻子满足于安逸的现状时，他又把目标瞄准更成功的“牛人”，努力争取公司副总经理的位置。

一个人应该明白自己该干什么、不该干什么，根据形势变化随时调整自己的心态。境遇不佳时，去跟那些不如自己的人作一番对比，使心态趋于平和。当事业发展得顺风顺水时，则应该将眼光瞄准比自己更优秀的人，以便激励自己继续奋斗，勇猛前行！

清代石天基在《长生秘诀》中说：“每遇不如意事，即将更盛者比之，心即坦然大乐矣。”又如古人所云：“他骑骏马我骑驴，仔细思量我不如。回头看见推车汉，上虽不足下有余。”很多时候正是如此，如果自己想通就不郁闷了。

一个人总是喜欢和人比高，那肯定会心情忧郁，闷闷不乐。这样长久下去，他的心理就很容易失衡、扭曲。如果走进这条“死胡同”，就可能从此变得心胸狭窄，忌恨那些成功的人。其实这对自己的现状不会有半点儿改变，如果陷入这种思想的泥潭，就会越陷越深，必定影响事业的发展和人生的成功！

当我们春风得意，最容易骄傲自满的时候，就应该调整奋斗目标，对准更高的山峰。只要牢牢把握“逆境比下，怠荒思上”的原则，我们就能拥有较高的幸福指数。

弱者的思路是忌妒，强者的思路是竞争。当因与别人作比较而耿耿于怀时，为何不改变一下自己的思维方式呢？从今天开始，让我们变消极为积极，变忌妒为竞争，那么你的人生必然迸发生强大的动力，上演最精彩的一幕！

◆ 每个人的人生都是“自作自受”

《涅槃经》中说：“种瓜得瓜，种李得李。”这只是一个比喻，即有了什么因，就会得到什么果——善因得善果，恶因得恶果。有句话说：“不是不报，时候未到。”意思是，现在犯下的错误日后就会受到惩罚。一个人如果今天得到回报，那也一定是昨天努力的结果。

有时候，种瓜不一定得瓜，种豆不一定得豆，还有可能绝收，这是因为它有风险。有风险就可以不种地了吗？不能，因为那是要饿肚子的。我们必须勇敢地播下自己的种子，只有这样我们才能在日后有所收获。这就要求我们会选地盘、会挑选种子，没有条件创造条件以求丰收。耕种如此，做其他亦然。

我认识一位叫陈浩的大学生，由于家境不好，读大学欠了几万元钱的债，毕业后又找不到一份合适的工作。他相继做过房产经纪人、服装销售员、报刊发行员，甚至连安利直销也折腾过半年，就像顺口溜中说的：“我是一块砖，哪里需要就往哪里搬。”

这样的生活不可谓不苦，收入零零碎碎，既要还债，还得吃饭、交房租。但陈浩觉得自己的生活很精彩，每天都充满斗志。经过两年的打工生涯后，他抓住时机，在电影院对面开了一家火锅店。

火锅店生意很火，每天顾客络绎不绝，很快他就赚到三十多万元。回忆起当初开店的情景，陈浩总结说：“开这个店，选址是最慢的，装修是最累的，开业是最伤脑筋的！”一系列问题全靠一个人解决。在这种充实的生活中，他体验到奋斗的快感，尝到了成功的滋味。他感慨道：“谁说苦不是乐的种子呢！”

《菜根谭》说："一苦一乐相磨炼，练极而成福者，其福始久；一疑一信相参勘，勘极而成知者，其知始真。"意思是，在人生路上，经过艰难困苦的磨炼就会获得幸福，这样的幸福才会长久；对知识的学习和怀疑交替验证，探索到最后获得的知识才是千真万确的智慧。确实如此，一个人只要努力和坚持，永远不自暴自弃，一般都能获得事业的成功。

任何事物都在变化发展，从失败中吸取教训，可以结出成功的果实。如果在春风得意之际忘乎所以，则容易乐极生悲。这样的例子屡见不鲜。周幽王娶了个美女褒姒，这女人艳若桃李、冷若冰霜，就是不喜欢笑。周幽王为博佳人一笑，派人点燃烽火台，谎报敌人来袭，于是各路诸侯慌忙前来救驾，结果发现竟然是大王开的一个玩笑，从此个个都反了，周幽王最终害了自己。晋朝大臣石崇比皇帝还有钱，因为炫富惹来了杀身之祸。对一个春风得意的人来说，乐正是苦的种子，如果稍有成绩便得意忘形，盛极而衰的规律就会应验！

王义、牛飞、崔鹏是大学同学。他们一同毕业，又一同进入一家企业工作。一年后，大学老师来看望他们，发现三个人有很大差距：王义当上总经理助理，月薪五千元；牛飞当上了办公室主任，月薪是三千五百元；崔鹏是一名普通职员，月薪一千五百元。老师很疑惑，找到企业经理询问其中原因。这位经理没有正面回答老师的问题，而是把三个人同时叫来，向他们下达了一个任务，让他们去港口调查一艘货船的货物情况。两个小时后，崔鹏回来汇报说船上装的是皮毛制品。牛飞回来汇报，说货船上装的是皮毛制品，而且他搞清楚了进口地区、数量和品质。最后王义回来汇报了皮毛数量、品质，还汇报了其他有价值的货物以及具体价格，而且与对方沟通了合作意向。看到这一切，老师恍然大悟。这三个学生今天的差距不就是“作为”上的差距吗？

人生就是如此，因与果密不可分，很多时候甚至是命中注定的。台湾有一位曾仕强教授，在总结人生时说过一句很经典的话：“我认为每个人的人生都是自作自受。”我们今天的成就取决于昨天的努力，明天的前景取决于今天的付出。这一环做得不好，下一环就会变得更加糟糕。

你播下什么种子就会收获什么样的结果。如果今天从来不曾播种过，明天就什么也得不到！

◆ 尽人事，听天命——脚踏实地地努力，剩下的就交给天定吧

有些经常买彩票的人，每当看见别人中了大奖心里就会很不平衡，觉得上天太不公平，为什么上天把好运气都给他，却不给我？其实上天很公平，用西方人的话讲就是：“我们都是上帝的子民，被选中或被抛弃的概率都是相同的。”但是，为什么你总感觉上天不公平呢？事实上，你是在奢求一份幸运的特权。

这样的人，潜意识里把全世界的好事都归于自己，总觉得最美的果实得先让自己挑选。中大奖要有你的一份，好工作先让给你，升职第一个要考虑你，出国外派的名额得先给你留着……一旦事不如意就会心理失衡，像受了多大委屈。我们为什么不冷静地想一想，凭什么这个世界必须按照你的意愿来运转呢？你又不是国王，又不是上帝？在芸芸众生中，天大的好事为什么非要砸到你头上呢？

《三国演义》第一百零三回，诸葛亮精心设计把司马懿诱入上方谷内，用干柴火把截断谷口。司马懿进退无路，面临火焚的灭顶之灾。正在此时，天地间狂风大作、骤雨倾盆，大火很快被大雨浇灭。司马懿趁机杀出重围。事后，诸葛亮仰天长叹说："谋事在人，成事在天。不可强也！"

"谋事在人，成事在天。"一语道破人间成败的玄机。当我们觉得自己即将春风得意时，命运偏偏会送来失意。这说明，成功既靠自己的主观努力，也靠客观机遇，不是你能力达到了，准备充分了，百分之百就会成功。这就告诉我们，不走运的时候看开一点儿，不要总是闷闷不乐，要学会安慰自己。

我们要认识到，机遇有时是不平等的，好时能让人功成名就，坏时让人一事无成，我们怎能奢求自己特别幸运呢？就连你自己的情绪都是有好有坏，你又怎能要求别人事事都顺从你的意愿呢？我们应该平心静气地来想这个问题，设身处地，反躬自省，这是领悟人生的最好途径。

不过，现在也有很多人相信天命，认为命运是天定的。确实如此，做事是否成功，做人能否得到别人的认可，这些最终的结果并非全由我们自己决定，但如果你不做事，就是上天想帮你也帮不上！所以，我们能做的一切就是尽人事，听天命。要想成就大业，就要天天谋事、做事，剩下的就交给天定吧！

每个人都需要认真生活，这或许就是尽人事的责任吧！一般来说，主要体现在下面几点：

不要许下辈子的诺言。下辈子往往是骗人的，你又怎么知道下辈子你不是阿猫阿狗？你又怎么知道下辈子还能记得住这辈子没做完的事情？如果这辈子有什么事情要做，就抓紧时间做完吧，没有机会给你留到下辈子！

身体是革命的本钱。只有身体是实的，其他都是虚的。如果你身体孱弱多病，那么再大的雄心壮志也将望洋兴叹，心有余而力不足。好的身体可以帮你实现梦想，好的身体还能让你陪伴所爱的人走得更远、更久。如果想老了之后和爱人在夕阳下漫步，就请好好爱惜自己的身体吧！

不要动不动就说自己已经不会爱了之类的话。真正的爱情是与时日相伴成长的，如果你在爱情中受了伤，不妨想一想，你丢掉的是一份和你没有缘分或者不适合你的爱情，这何尝不是一种运气？

记住，你只能活一辈子。以豁达的心态面对人生，这辈子如果能少些怨恨、愤怒、悲伤、沮丧，到老了你就会发现自己是何等幸福。否则当你老的时候，会发现自己这一生没有快乐的往事可回忆，你真的会觉得这一生白活了，这样的人生是最可悲的。

◆ 腾不出时间休息的人，一定会腾出时间来生病

众所周知，现代人把自己逼上了梁山，只知道要争口气，发誓打下属于自己的一片天空，这样才有资本在别人面前挺直腰杆。可悲的是，许多人在拼杀中忽视了健康问题，以至“赢得了世界而失去了自己”。这样的话，即使赢得“世界”，又有什么意义呢？

一个人要想成就事业，就必须吃得苦中苦，方能成为人上人。问题是，成为“人上人”的代价和结局是什么？许多成功者之所以成功，是因为他们在别人休息的时候工作，在别人享乐的时候煎熬，在别人风花雪月的时候忍受孤独。这样的代价不可谓不大。

在很多人眼里，时间就是金钱，物质上的富足才能让自己更有成就感。多加几个小时的班就等于多一份劳动成果，多见一个客户就等于多一个合作机会，多喝一杯酒就等于多交一个生意伙伴……一天到晚好像永远有忙不完的事情，永远腾不出时间去看场球赛、做一次健身、和朋友品尝一顿火锅，以及陪爱人到风景如画的大自

然中郊游……这一切都是可望而不可即的人生奢望，这岂不是一件悲哀的事吗？要知道，一个人如果懂得忙中偷闲、闹中取静的道理，享受闲适其实只是举手之劳而已！

我的朋友李海鹏是家软件公司的项目经理，风度翩翩，举手投足间尽显三十岁男人的魅力。他在公司女同事眼中。简直就是最理想的白马王子，有房、有车、有才华。

这样的男人看上去是绝对的精品，在男人堆里也算是佼佼者。可是果真如此吗？

海鹏酒醉后问我：“哥们儿，你看我是不是特风调雨顺？”我说：“当然，哥们儿，你是咱这群朋友里活得最光彩的一个。”“呸！我他妈是最孙子的一个。”

“哥们儿好像从来没这么崩溃过，原因何在？难道你活得比窦娥还冤？”对于海鹏的此番酒后之言，我以为只是一时之想。殊不知，他还真的一把鼻涕一把眼泪了：“上个月我在家洗澡，结果出来就晕了。我去医院一检查，你知道是什么吗？”这时候，海鹏似乎变得有些认真了，“医生说我再这样下去，过不了十年就到阎王那儿报到了。”我越听越糊涂，看着眼前这个金光闪闪年轻有为的帅小伙依然春光满面，没有一丝病入膏肓的样子。

“脑部血管梗死，供血不足。哥们儿你说，这样下去我还能有好日子过吗？而且，我的大肠还有毛病。”

看似牛气烘烘的李海鹏得了很多白领人士的通病。这类人都是平时工作压力太大，没有自己的休闲时间，生活太紧张，最终导致健康崩溃。“腾不出时间休息的人，一定会腾出时间来生病。”相信这对每个人来说都是一句强有力的警醒。可是，现代人似乎已经卷入一个巨大的旋涡中无法自拔了，身体如一架超负荷运转的机器，每天都在磨损，却根本腾不出时间维修。长此以往，“三高”、精神分裂、失眠，甚至脑溢血等疾病就会主动找上门来。到那个时候，恐怕再多的营养品和药片都无法拯救你于“水深火热”中了。

试想，那些国家元首和总统，每天忙忙碌碌，可谓日理万机，担负的责任恐怕比你大得多。可是元首和总统们的生活十分有规律，比如美国首任总统乔治·华盛顿是一位骑马能手，他骑术高超，一生中将近三分之一的时间是在马背上度过的；克林顿总统在白宫期间的健身“秘方”是：星期一，围绕林荫大道跑五英里；星期二，以自己的最快速度攀登国会山（国会山的高度和北京的景山相近）十次；星期三，休息；星期四，爬林肯纪念堂的台阶（有六十到七十级）五次；星期五，在白宫跑道上跑步。

一位做医生的朋友曾对我说：“人每天正常的休息时间最少要达到七个小时。从二十岁开始，每十年身体的新陈代谢状况就会下降2%。如果再不注重休息和养生的话，人体的衰老还会更快！”

如果你不信，可以注意一下，你的掉发情况是不是开始由几根变为几十根？你的视力是不是还能与五年或者三年前相比？你还能不能在十二秒内跑完一百米？爬完十层楼梯的时候，你是不是满脸通红、腿打战？你的胃会不会不定期疼痛？

如果这几项中，你有三项“中标”，那么就应该让你的“繁忙”收敛一些了！

《礼记·杂记》中说：“一张一弛，文武之道。”这正是我们对待工作和生活的办法。这样一来，我们既不会被事业压垮身子骨，又不会让惰性肆无忌惮地蔓延。根据自己的具体情况，制订一个松弛有度的生活计划。比如，周末两天尽量不谈工作，而是外出旅游、散心，或者和心爱的人在家研究美食；周一到周五的工作时间，白天全身心投入，让工作高度有效率，晚上则尽情享受短暂的休憩。劳逸结合、事业顺利，生活也情趣盎然，不亦乐乎。

我们一定要让自己记住：心可以是钢做的，因为有了钢铁般的意志才能克服困难、成就事业。但你的身体绝不是钢做的，只有经常腾出时间来呵护它，身体才会生龙活虎，事业才会锦上添花！

◆ 扫地的时候扫地，睡觉的时候睡觉

有一乐境界，就有一不乐的相对待；有一好光景，就有一不好的相乘除。只是寻常家饭、素位风光，才是个安乐窝巢。

有一快乐事，就有不快乐的事相对应。有一好风景，就有恶风景前来抵消。什么是幸福呢？看来只有每天的家常便饭、日常生活才是真正的安乐去处。

一个学禅的弟子问："师父，什么是禅？"

师父回答道："扫地的时候扫地，吃饭的时候吃饭，睡觉的时候睡觉。"

弟子说："师父，这太简单了。"

"没错。"师父说，"可是很少有人做得到。"

人的一生有太追求，因为这些追求，我们奔波劳碌，忽视了身边的花鸟，近在眼前的乐趣我们却熟视无睹。就像夸父追日一样，我们追逐永远追不到的东西。

也许你会说，生命正是因为这些追求才显得有意义。如果你的追求永远让你疲倦地奔跑，甚至没有享受生活的时间，那么你的追求就失去了最初的意义，你只是一个疲倦的奔跑者而已！

我的朋友马先生创办传媒公司，年利润两百多万元，有房有车。在外人看来，他的生活可谓原汁原味的富裕生活，这辈子还有什么可担心的呢？可他在2008年患上了严重的抑郁症，不得不去找心理医生诊治。

原来受经济危机的影响，马先生所在的行业形势堪忧，传媒业非常难做，连续亏损几个月了。他每天活在巨大的压力下，担心公司倒闭、员工树倒猢狲散、妻子甩手而去、朋友纷纷逃离……

心理医生在得知情况后，建议他将工作交给自己的手下，离开都市去欣赏田园风光，看看那些闲适农人的生活。心理医生还告诉他："你担心的这些东西其实并不重要，它们不是你最终的人生目标，内心沉静才能真正幸福。如果内心充满忧虑，即使坐拥金银财宝，每天对着山珍海味，又能如何呢？”

马先生听了医生的话，醒悟了。从那以后，不再整天忙着赚钱，而是每隔一段时间就带着妻儿去云南乡下做客。一家人游山玩水、吃粗茶淡饭、住小竹楼，马先生觉得自己仿佛变了一个人，心里的病全好了，而公司也随着经济形势的好转起死回生。他忍不住感叹——原来这才是自己想要的幸福！

《菜根谭》中说：“人知名位为乐，不知无名无位之乐为最真；人知饥寒为虑，不知不饥不寒之虑为更甚。”意思是，人们都知道拥有名利和权势是人生的一大乐事，却不知道清静自怡的人生才是最实在的；都觉得饥饿和寒冷可怕，却不知道衣食不愁之后，由于欲望太多而患得患失的精神折磨更加痛苦。

也许你很忙碌，时间都排得满满的，但你为什么并没有因这些忙碌而感到内心充实？因为你一直生活在别处，你的心不在此时此地。每天见的人是你不喜欢见的，做的事情是你不喜欢做的。你感觉疲乏，感觉自己失去了力量，心里仿佛有一个巨大的黑洞。为什么不静下来想一想，到底是什么让你变成今天这样一个徒有虚名的追求者？

比如，晚上你梦见一位白马王子或性感女郎，兴奋得笑醒了，但是你忘记了应该回家看望很久没见的父母。你总是为身边没有另一半而郁闷。也许正在你郁闷的时候，父母托人给你介绍了一位条

件不错的对象，只是你一直没有回家，所以错过了另一半，错过了你未来的幸福。

很多人原本就浸泡在幸福的蜜罐里，却总是追问自己的幸福在哪里，这不是很荒唐的一件事吗？所以，不要再无休止地迷恋白日梦中的幸福了，只要你睁开眼睛就会惊奇地发现，幸福就在此时此刻。恋爱的时候享受爱情，工作的时候享受激情，踏踏实实地度过每一天，这就是幸福！如果每天只是沉溺在白日梦中，到最后剩下的只能是蹉跎空叹。

该扫地的时候扫地，该睡觉的时候睡觉，这不都是平凡中的幸福吗？从今天开始，认真体验自己的生活吧！

◆ 出世是为了更好地入世，入世是为了更好地出世

一个人要想在社会上有所作为，必须先以出世的心态，在山水间领悟人生真谛，否则就没办法清除内心的尘俗欲念。一个人要想进入飘逸脱俗的境界，必须先以入世的心态，在世俗间尝尽酸甜苦辣，否则就没办法承受日后寂寞的清苦。

记得以前在大学图书馆里读过朱光潜先生的一本美学经典，其中有这样一句话直入我心：“以出世的态度做人，以入世的态度做事。”这句话可谓一语道破人生真谛。

“人生一世，草木一秋。”我们每个人都是人生舞台上的匆匆过客，无论你是帝王富豪还是平民乞丐，都无一例外！不少人为此看

破红尘、遁入空门，但这只是一种出世的姿态。现实就是如此残酷，我们谁都无法逃脱滚滚红尘的追击，每个人只有付出真正的努力，才能在社会上获得一席之地。

为什么在激烈竞争中没被击败的人，却在功成名就的时候病倒了呢？究其原因，就在于他们只记得要拼命打拼，却忽略了人生也是需要出世调整精神的。出世是为了更好地入世，所以真正有智慧的人不会只讲“出世”或者只讲“入世”，他们懂得将“入世”与“出世”融合，从而体验一种更丰富的人生。

众人皆知的电影明星李连杰，事业成功，家庭幸福。他既是影视圈的红人，又是慈善事业的推动者。同时，他还是一个虔诚的佛家信徒，非常注重对自己内心的审视。在接受一家电视台采访时，他向人们分享自己的修心理念：“许多人之所以走错路，是因为分不清哪是妄心，哪是真心，私心杂念太多又不懂得消除的方法，于是只能被欲望牵着鼻子走，丧失了纯净之心。”

如何才能让心静下来？李连杰的方法很简单，每天晚上临睡前，他都会给自己留出一个小时的看书时间，通过阅读唤醒内心最单纯的思考状态，摆脱白天功利的思维方式。这样的阅读就是一种跟自己内心对话的过程，从而意识到平时哪些想法不恰当，或者哪些做法不合理。

此外，在拍完一部戏后的闲暇时间，李连杰还会找情投意合的朋友下下棋、钓钓鱼、聊聊天，让身心彻底放松。在下棋和钓鱼过程中以聊天的方式真诚地探讨问题，解决平时积累下来的心灵困惑。这就达到了一种静若止水的状态，从而消除杂念，找回真心。

活在这个世界上，每个人都免不了要追逐名利，获得物质的享乐。这无可厚非，但不切实际的想法太多，就会迷失自己，从而来不及审视内心，体会不到人生本身的快乐。

如何才能消除尘俗杂念和日常烦恼呢？就像李连杰建议的那样，让心灵从俗世中走出，然后审视自己，跟自己的内心对话，驱除那些妄念、邪念。只有淡泊名利才能超脱悲喜，这正是出世心态带给我们的益处！

战国时期有位叫庄子的哲学家，有一天，他的妻子去世了。像这种情况，别人都是捶胸顿足、号啕大哭，而庄子一点儿悲伤的样子也没有。围观的人看不下去了，问他："你为什么不哭？"庄子回答："一百年前没有她，现在又没有了她，她从虚无中来，现在又回到虚无中去，就像回家一样，我应该理解她，又有什么可难过的呢？"

在庄子这里，我们感受到一种超脱世俗的巨大力量。虽然庄子也很留恋亲人，为妻子的去世感难过，但他更清楚生老病死是不可避免的，再怎么悲伤都无济于事，所以他能够看破并且放下。很多时候，如果我们能以出世的角度来观察问题，就会释然解惑，不再有悲伤和痛苦。

出世，是为了更好地入世；入世，是为了更好地出世。只有悟透两者之间的关系，我们才真正掌握了人生的要害。有人说："问题的关键不在于我们遇到了什么事，而在于我们对这件事的看法。”确实如此，看法决定情绪，态度决定悲喜！只有摆脱世间俗物的束缚，用一颗出世之心来入世，我们的事业才能更成功，人生才能更快乐！

后 记

出来混的人不容易，想混出个人样更是困难。因为现代社会竞争越来越残酷，人际关系也比过去更复杂！这个时候，我们就需要一本能指导我们混得更好的书——一本不是说空话、套话的书，而是一本敢于说真话的书，一本敢于将人类隐藏了几千年的潜规则一语道破的书！

这本书必然是老祖宗用鲜血和脑浆写下来的忠告，这本书必然包含现实的残酷和人类内心最微妙的元素，它是一本励志书，更是一本心理书！它是研究人类社会的书，不能用一个固定的概念来概括它。我们需要怀揣这样一本书行走江湖，它将告诉我们闯荡江湖需要掌握的“潜规则”。你应该把这本“葵花宝典”藏于行囊中，福佑人身安全无虞！

为写作本书，我精心研读了明代道士洪应明所著的《菜根谭》，并结合当今社会的现实处境，作出了自己的诠释和演绎。这些解读单薄牵强或隔靴搔痒，都在所难免。对于书中出现的不足之处，恳请读者诸君见谅！

图书在版编目（CIP）数据

我就是教你混社会 / 章岩著. -- 长沙: 湖南文艺出版社，2012.7（2024.6重印）

ISBN 978-7-5404-5618-4

Ⅰ. ①我… Ⅱ. ①章… Ⅲ. ①心理交往－社会心理学－通俗读物 Ⅳ. ①C912.1－49

中国版本图书馆CIP数据核字（2012）第111395号

我就是教你“混”社会

作　　者：章　岩
出 版 人：陈新文
责任编辑：丁丽丹　刘诗哲
特约编辑：于向勇
营销编辑：刘菲菲
封面设计：元明设计工作室
出版发行：湖南文艺出版社
（长沙市雨花区东二环一段 508 号　邮编：410014）
网　　址：www.hnwy.net
印　　刷：三河市中晟雅豪印务有限公司
经　　销：新华书店
开　　本：700mm × 1000mm　1/16
字　　数：185 千字
印　　张：19
版　　次：2012 年 7 月第 1 版
印　　次：2024 年 6 月第 3 次印刷
书　　号：ISBN 978-7-5404-5618-4
定　　价：59.80 元

若有质量问题，请致电质量监督电话：010-59096394
团购电话：010-59320018